FELICIDADE

Dos filósofos pré-socráticos aos contemporâneos

Franklin Leopoldo e Silva

FELICIDADE
Dos filósofos pré-socráticos aos contemporâneos

© *Copyright*, 2007, Franklin Leopoldo e Silva
2011 - 2ª edição. Em conformidade com a nova ortografia

Todos os direitos reservados.
Editora Claridade Ltda.
Av. Dom Pedro I, 840
01552-000 - São Paulo - SP
Fone/fax: (11) 2061-9961
E-mail: claridade@claridade.com.br
Site: www.claridade.com.br

Preparação de originais: Flavia Okumura Bortolon
Revisão: Wilson Ryoji Imoto, Lucas de Sena Lima
Capa: Antonio Kehl
Editoração Eletrônica: Eduardo Seiji Seki

Dados para Catalogação

Silva, Franklin Leopoldo e

Felicidade/ Editora Claridade, São Paulo, 2007
/ Coleção Saber de tudo
96 p.

ISBN 978-85-88386-62-4

1. Filosofia   2. Felicidade   3. Autor

CDD140

Índice para catálogo sistemático:
027   Bibliotecas gerais
027.626   Bibliotecas para jovens
028 – Leitura. Meios de difusão da informação

SUMÁRIO

Introdução 7
1. A felicidade entre os gregos 11
2. A ideia de felicidade no Cristianismo.................. 42
3. A felicidade nos tempos modernos 53
4. A felicidade na época contemporânea.................. 68
Conclusão.. 89
Outras leituras, outras visões................................ 94
Sobre o autor.. 96

Introdução

Toda consideração acerca da felicidade encontra, naturalmente, muitos obstáculos. Dentre eles, podem-se ressaltar pelo menos dois: em primeiro lugar, a felicidade, como tema constante da filosofia, da literatura, da religião, da ciência, da técnica, da organização moral dos modos de vida, etc., foi objeto de um número incalculável de definições subordinadas a uma diversidade enorme de critérios e orientações, o que desde logo exclui a possibilidade de uma exposição exaustiva e até mesmo de uma amostragem significativa. Em segundo lugar, em todas as concepções de felicidade, nunca se afirmou que ela tenha sido alcançada completamente, de modo a contemplar todas as necessidades e desejos no grau de satisfação em princípio exigido por cada um deles. As duas dificuldades podem ser aproximadas como derivadas de uma causa provável: o ser humano é pluridimensional, e nem todos os aspectos que o constituem se harmonizam entre si, razão pela qual, ainda de modo provável, qualquer definição de felicidade implica opção por uma ideia possível de Homem, desde aquelas que se regulam pela universalidade abstrata até as que postulam uma irredutível singularidade individual.

Nesse sentido, não há como escapar do caráter histórico das definições de felicidade, que em geral acompanha a diversidade histórica das concepções éticas e dos critérios que elas incluem como referenciais de conduta. O que se pode concluir dessa conjunção entre diversidade e persistência do tema é a *necessidade* de pensar a felicidade e de persegui-la na prática. E sem dúvida uma das questões mais difíceis acerca da felicidade consiste em estabelecer uma relação tal que a felicidade que pensamos como verdadeira seja efetivamente aquela que buscamos obter na vida. Assim, por vezes entendemos que o estado ilusório de felicidade (evidentemente, aquele que supomos tal) provém de que as pessoas se apegam aos mais variados objetos sem antes terem *pensado* sobre a compatibilidade entre o que querem e o eventual resultado feliz daquilo que desejam. Mas muitas vezes também topamos com pessoas que parecem felizes exatamente por nunca terem se perguntado em que consiste a felicidade. Isso aparentemente nos colocaria diante de uma grave dificuldade: a felicidade não apenas se mostra como algo relativo segundo o tempo e o espaço, mas até mesmo a partir da ideia que cada indivíduo faz acerca do que seria a felicidade. Apesar dessa diversidade e dessa relatividade, o que constatamos sempre é a *necessidade*, sentida por todos, embora das mais diferentes maneiras, de alcançar e gozar a felicidade.

Ora, é essa *necessidade*, essa espécie de desejo fundamental e natural, que legitima, não o propósito de responder à pergunta "o que é a felicidade?", mas uma investigação acerca dos modos como os seres humanos a têm concebido e praticado, por mais difícil que seja separar uma coisa da outra. Talvez seja verdade que não é preciso saber o que é a felicidade para ser feliz; mas a aparente simplicidade dessa afirmação se transforma em algo bem mais complicado quando nos deparamos com a possibilidade de que as pessoas possam julgar-se felizes a partir de uma determinada ideia de felicidade que se apresenta como modelo imposto via dispositivos psicossociais e políticos. Nesse caso, a *necessidade* de ser feliz não estaria sendo satisfeita a partir de um desejo subjetivo, mas por meio de manipulação externa. Para citar exemplos bem atuais: quando as pessoas acalmam a ansiedade via consumo estimulado pelo capitalismo, seria justo dizer que elas encontram a felicidade?

Felicidade

A escolha de uma profissão pelo único critério da quantidade de ganho a ser obtida significa felicidade? Quando indivíduos, grupos e nações se isolam para usufruir uma qualidade de vida cuja condição é a exclusão e/ou a exploração dos demais, pode-se dizer que vivem felizes?

Essas perguntas poderiam ser respondidas dogmaticamente, pelo sim ou pelo não. Mas não se trata de resolver a questão e sim de considerar as dificuldades de toda ordem que se apresentam quando examinamos o desejo de felicidade. Essas dificuldades se mostram em toda contundência quando tentamos discernir os critérios da vida feliz e a relação ética entre os meios e os fins. Por isso, como deveria ser evidente, a questão da felicidade é eminentemente ética, até mesmo para aqueles que julgam possível obter a felicidade pessoal pela supressão da ética.

Assim, o que faremos a seguir será examinar de forma muito sumária algumas teorias éticas que se apresentam ao longo da História e o que nelas se encontra como ideia de felicidade e os meios de obtê-la. As lacunas são imensas, tanto no que se refere ao recorte histórico quanto no que concerne à exposição de cada uma das teorias escolhidas. O intento é apenas o de despertar a curiosidade do leitor.

A felicidade entre os gregos

Não se trata de compreender como os gregos definiram a felicidade; tudo que podemos fazer é tentar entender como eles construíram uma interrogação acerca da felicidade. Tal tentativa pressupõe que a felicidade seja uma preocupação e uma questão. Seria ocioso fazer nesse caso uma distinção entre questão teórica e preocupação prática: a experiência da condição humana, nos seus aspectos de clareza e de obscuridade que ocorrem simultaneamente, como uma oposição constitutiva do homem, é algo que está sempre sujeito a uma compreensão teórica e a um discernimento vivido, ambos acontecendo em diferentes graus. Desde os mitos e poemas arcaicos até as elaborações filosóficas de períodos mais tardios, a questão da felicidade esteve presente no horizonte da experiência de vida dos gregos, a partir de diferentes condições históricas e subordinada a diversas formulações. Tentaremos aqui indicar algumas linhas que orientaram esse questionamento.

A felicidade e a ética do heroísmo

Os estudiosos da cultura grega costumam assinalar a presença de uma ética aristocrática nos poemas homéricos: preceitos morais consistentes com a condição do *aristos*, isto é, daquele que foi dotado pelos deuses de qualidades que o distingue do comum dos mortais. Dentre estas, a principal é o *heroísmo*, ou seja, a coragem, o desprendimento e o amor da glória. Com efeito, observamos nas personagens da *Ilíada* que a guerra é vista como uma oportunidade de demonstração desse heroísmo, por uma vida e uma morte igualmente belas: algo que ficará para sempre registrado na memória dos pósteros. O herói é, portanto, alguém tomado pela paixão da coragem, o que está associado à estirpe, ao poder e à posição social. Agamenon, Aquiles, Ulisses são mostrados como indivíduos que tentam combinar essas características de modo equilibrado. E aqui encontramos o fator essencial: o equilíbrio que sustenta o herói na sua privilegiada individualidade decorre da *medida* que deve observar na sua conduta e que constitui a *sapiência* do *aristos*, aquilo que o mantém como favorito dos deuses.

Homero

Porque o heroísmo, e tudo que ele implica, é um favor dos deuses: o homem manterá essa integridade singular se observar constantemente os limites da condição humana. Essa *medida* consiste, sobretudo, em sentir-se sempre sob o olhar dos deuses – o que atua como norma fundamental da conduta heróica. Tarefa nada fácil, tanto que é no seu desempenho, mais do que nas ações corajosas, que o indivíduo demonstrará sua sapiência. Se fracassar, e cair na desmedida (*hybris*), perderá imediatamente o favor dos deuses, e se tornará presa daquilo que para os gregos significa o desequilíbrio máximo: a loucura, a perda de si. Por isso os deuses

Felicidade 13

observam constantemente os homens, não apenas como espectadores de seus atos mas também como juízes, prontos a retirar do herói tudo aquilo com que o cumularam, se ele não fizer jus à sua condição.

A condição humana se define, pois, de forma dupla: tudo que o indivíduo possui, tudo que ele é, provém da vontade dos deuses; mas depende dele manter-se de acordo com o que recebeu. Existe uma reciprocidade entre liberdade e destino: o indivíduo não é, certamente, dono de sua existência; mas ele é responsável por ela. Essa duplicidade constitui uma oposição, que deve ser compreendida como a condição trágica do homem – uma espécie de sobreposição entre liberdade e fatalidade. Nesse sentido, a sapiência consiste em viver heroicamente a tragédia da existência, compreendendo-a como intrínseca à condição mortal. Nisso consiste a *excelência* – a virtude de todas as virtudes – entendida como o modo pelo qual o homem pode realizar de forma mais efetiva a sua existência e que, como se vê, não está isenta de contradições. A maneira pela qual o indivíduo vive as oposições constitutivas da mortalidade, mantendo nessa condição trágica a difícil medida que o faz parecer justo perante os deuses, determinará a sua salvação ou a sua perdição.

Quando é revelado a Agamenon que os bons ventos que levarão a frota grega a Troia dependem do sacrifício de sua filha Ifigênia, a decisão parece ultrapassar as forças do coração e do entendimento. Optar pelo sacrifício está de acordo com suas responsabilidades de comandante supremo do exército grego; mas ao mesmo tempo será o assassino de sua própria filha. Se poupar a filha, estará traindo o exército e contrariando suas funções. Há que observar também que as duas escolhas produzem consequências: a morte do rei, quando de sua volta a Argos, será a vingança de Clitemnestra pela morte de Ifigênia. A condição mortal implica sempre uma divisão, um dilaceramento e um encadeamento de eventos trágicos. Essa duplicidade aparece na sua versão mais nítida no caso de Édipo: inocente e culpado; sábio e louco; poderoso e miserável. Nenhum de seus atos foi intencional, mas ele é culpado de todos. E na raiz de sua enorme culpa está o episódio que não lhe diz respeito: seu próprio nascimento, fruto da desobediência de Laio, seu pai, ao oráculo que predisse os acontecimentos. A condição de Édipo é extremamente significativa: a desgraça primordial do homem é ter nascido; sua culpa fundamental é por existir. A partir daí, como administrar o destino?

A busca da felicidade está estreitamente relacionada com a tragédia da condição humana, pois é somente no interior dos limites demarcados pelas oposições intrínsecas à existência que o ser humano pode organizar sua vida. A presença dos deuses – da vida bem-aventurada – mostra constantemente ao homem que a mortalidade é um *déficit*, e que a felicidade é impossível. Assim como o homem é olhado pelos deuses como a fraqueza que se opõe à força, a fragilidade que se opõe ao poder, assim também o homem olha os deuses como o contraponto de sua negatividade. Mas a compreensão e a vivência dessa condição fazem parte do heroísmo – e assim, da felicidade possível. O que caracteriza a mortalidade é a alternância entre o prazer e a dor, a felicidade e o sofrimento. As duas coisas estão irremediavelmente ligadas. Se Aquiles não tivesse desfrutado a felicidade proporcionada pelo seu amor a Pátroclo, não sofreria pela sua morte. Se Agamenon não tivesse sacrificado a filha, não venceria os troianos. Se Édipo não se tivesse tornado o rei de Tebas, não teria se transformado no mendigo cego.

A alternância também está presente na conduta humana enquanto liberdade de escolha. Aquiles se enfurece contra Agamenon e abandona o exército, mas depois retorna para participar da vitória que sem ele talvez fosse impossível. Édipo clama contra o destino, mas aceita a culpa e a expiação. Orestes vinga o pai, mas não permanece em Argos para desfrutar o poder. É sábio aceitar a alternância quando se compreende que a condição mortal é feita de oposições. E também quando se compreende que, como tudo que é humano é efêmero, a felicidade é frágil: a moderação deve estar presente na experiência da felicidade, assim como a serenidade deve estar presente na experiência do sofrimento. O herói não se embriaga de prazer, assim como não se desespera com a dor.

Nesse sentido, a excelência, que os gregos denominavam *aretê*, implica, enquanto virtude aristocrática, a instabilidade. Não cabe ao homem a vida plena dos deuses. A experiência do efêmero e do frágil traz a compreensão dos limites e da medida do humano. A instabilidade, os limites e a fragilidade impedem que haja uma *forma* humana constituída e, assim, uma felicidade como estabilidade e plenitude. O indivíduo não permanece; ficarão seus feitos na lembrança dos homens, e esta é a única maneira de superar a mortalidade. Por isso, aquele que desfruta com orgulho e confiança seus momentos de felicidade é insensato e encaminha-se para a *hybris*. Somente se poderá falar de felicidade depois que uma bela morte coroar uma bela vida. Por isso o herói luta pela vida, mas não teme o risco da morte; pois a felicidade heroica é feita do enlace adequado desses opostos.

A felicidade e a virtude cívica

O advento da democracia em várias cidades-estado da Grécia alterou profundamente o quadro que descrevemos acima. O poder político saiu das mãos dos reis e passou para a assembleia dos cidadãos, que se reunia na *Ágora* para deliberar acerca dos assuntos da cidade. As discussões ocorriam em regime de isonomia e os ocupantes dos cargos executivos eram escolhidos por sorteio. Tais procedimentos acarretaram a substituição das virtudes heroicas pelo que poderíamos chamar de virtudes cívicas: no lugar do herói, que se distinguia singularmente pela coragem, estirpe, riqueza e poder, o cidadão, que partilhava com seus iguais o direito de decidir acerca do bem da cidade.

Como se sabe, a democracia grega definia de modo bem específico e restritivo o que se deveria entender por cidadão, isto é, pelo partícipe do poder. Longe de ser universal, a democracia era

Ágora

exercida entre os habitantes da cidade que preenchessem certos requisitos considerados necessários para o exercício da política. Assim, as mulheres, os escravos, os jovens e os estrangeiros estavam afastados da esfera política. O mesmo ocorria com qualquer indivíduo que vivesse do seu trabalho, isto é, no entender dos gregos, que estivesse subordinado à *necessidade*. A razão dessa restrição (que deixava a maior parte dos habitantes alheia às decisões políticas) era a oposição entre necessidade e liberdade. Para o exercício da política requisitava-se a condição de *homem livre*, a saber, aquele que pudesse dedicar-se somente ao interesse geral por estar liberto da necessidade de atender a interesses particulares de sobrevivência. Supunha-se que a deliberação acerca do bem da cidade excluía a defesa de interesses próprios ao reino da necessidade. Na prática, portanto, era uma elite de proprietários e comerciantes que desempenhava as funções políticas.

Felicidade 17

Cumpridas tais exigências, os cidadãos podiam discutir e decidir sobre o que lhes aparecesse como melhor para o destino da cidade. Os gregos desse período não viam a política como decorrente de um saber ou de uma técnica, mas algo para o qual todos os *homens livres* estariam naturalmente habilitados. Assim, a política era uma atividade do cidadão (definido conforme as restrições que assinalamos), e não tinha como requisito qualquer conhecimento teórico ou técnico. Com efeito, a isonomia pressupõe a inexistência de habilidades ou capacidades especiais para a discussão e a tomada de decisões políticas. Aristóteles exprime essa concepção ao denominar o homem um "animal político". Nesse sentido, a vida social era vista como intrínseca à natureza humana: é também Aristóteles quem afirma que aquele que vive isolado é um deus ou um animal.

A democracia alterou também o aspecto militar da defesa da cidade. Em vez do herói singular, que se destaca pelo seu valor individual, participam das guerras os cidadãos como soldados (*hoplitas*), para os quais é mais importante a formação solidária do conjunto das forças do que o heroísmo individual. Também na guerra a vitória é decidida pelo conjunto de cidadãos organicamente empenhados na defesa da *polis*. A ênfase nesses aspectos coletivos não significa o desaparecimento do indivíduo: este e a cidade devem ser concebidos em termos de uma vinculação orgânica, de modo que um seja impensável sem a outra. Na batalha, o desempenho de cada um está vinculado ao de todos os outros; na política, a vitória que se obtém pela persuasão dos demais só se torna possível pela própria existência da assembleia.

Neste último caso, a vitória é obtida pela palavra: não aquela que se impõe como ordem, mas a palavra compartilhada, isonômica, de modo a compatibilizar a prevalência da opinião de alguns com a liberdade de todos os outros. É nesse vínculo orgânico que repousa a virtude do cidadão, portanto a justiça na cidade e a felicidade comum. E a grande diferença reside precisamente aí: o indivíduo somente se realiza como tal numa cidade justa, razão pela qual política e justiça estão intimamente associadas. Em Platão, existirá uma correspondência estrita entre a harmonia interna do indivíduo e a harmonia social que deve reinar na instância do coletivo. Nesse sentido, se o que move o indivíduo é a busca da felicidade, torna-se imprescindível a construção de uma cidade em que essa felicidade se possa realizar. Não é por outra razão que ética e política são tão estreitamente vinculadas, e a virtude doravante se definirá em termos cívicos.

Esse caráter ético-político da vida individual e coletiva é tão forte que se pode dizer que ele sobrepuja os antigos fundamentos da associação humana. A cidade não mais depende da vontade dos deuses ou do poder de um rei: assenta-se em si mesma, na vontade e na virtude do conjunto dos cidadãos. Esse aspecto humanista da democracia merece ser notado, pois ele consolida a liberdade de criação política, ao mesmo tempo que oferece os riscos inerentes à fragilidade e ambiguidade da condição humana. É como se os homens participassem em maior grau da construção da própria felicidade, dada a importância da responsabilidade cívica que essa tarefa acarreta. Mas que não se percam de vista os riscos trazidos por um regime político e por um estilo de vida que repousam em si mesmos.

Com efeito, a instabilidade humana é agora experimentada menos como ligada ao arbítrio dos deuses e muito mais à contingência da condição humana, essa espécie de ausência de fundamento que aparece como um novo aspecto trágico derivado de terem os homens pretendido assumir o governo de suas vidas. Assim, sem a proteção direta dos deuses e sem a distinção especial de um heroísmo excepcional, os homens assumem a responsabilidade pelo sucesso ou fracasso de suas decisões, sem qualquer outro fundamento se não a própria liberdade. Nesses novos tempos, felicidade ou desgraça dependem do jogo das opiniões que os indivíduos expressam a respeito das questões ligadas à vida da cidade. A palavra compartilhada é ambígua: tem ao mesmo tempo a força da persuasão e a fragilidade da opinião. Como já vimos, o exercício da política não estava vinculado à ciência ou à técnica

Felicidade 19

como fundamentos sólidos; manifestava-se como a expressão da opinião que eventualmente se mostrava mais convincente, mas que nunca poderia ser outra coisa senão contingente. Essa relação entre liberdade e contingência foi vivida tragicamente: a cada decisão, um risco; em cada risco, a iminência da catástrofe. Um preço talvez demasiado caro a pagar pelo empreendimento de construir apenas humanamente a felicidade.

Exemplo do caráter arriscado da empreitada democrática: a vinculação entre indivíduo e cidade é, a princípio, orgânica. Mas como, por isso mesmo, não se pode negar a liberdade individual, a singularidade por vezes vem perturbar a harmonia sempre instável da ligação: as ambições individuais de um Alcibíades, por exemplo, ameaçam subordinar o bem da cidade aos interesses de poder de um homem ou de um grupo. A expansão colonial de Atenas, o imperialismo que daí decorre, os interesses comerciais representam, entre outros aspectos, uma conjunção de fatores que potencializa o risco da democracia e provoca a sua deterioração. Será possível fazer com que o desejo de felicidade individual efetivamente se identifique com o bem da cidade?

Essa situação já é bem nítida ao tempo de Sócrates (469-399 a.C.). A constatação dos historiadores da ênfase socrática na questão ética (ou antropológica), em contraposição ao que teria sido a interrogação dominante entre seus antecessores, está sem dúvida ligada a esse estado de coisas. Como também está a oposição ferrenha de Sócrates e Platão aos sofistas. A historiografia mais recente tem assinalado o caráter exageradamente negativo, e mesmo caricatural, que aparece na imagem socrático-platônica dos sofistas. Na verdade, a oposição de Sócrates e Platão aos sofistas é antes de tudo uma contestação da situação histórica de Atenas e dos rumos da democracia, pois os sofistas são apenas consequência dessa situação e sua expressão mais nítida. Com efeito, o propósito de ensinar os jovens gregos postulantes à política a usar a retórica no interesse da satisfação de seus projetos e ambições, em detrimento da palavra compartilhada com a finalidade do bem comum, só poderia surgir num contexto em que a deterioração dos procedimentos democráticos já permitia essa utilização do discurso. Certamente os sofistas não provocaram a decadência da democracia; foi a decadência da democracia que provocou o aparecimento dos sofistas. Por decadência entenda-se, sobretudo, o enfraquecimento da vinculação orgânica entre indivíduo e coletividade, ensejando uma atuação política mais marcada pela ambição individual do que pela defesa do interesse da cidade.

A célebre afirmação de Protágoras "o homem é a medida de todas as coisas" pode ser interpretada tanto no sentido de que cada indivíduo seria o seu próprio critério de verdade quanto no sentido de que a razão humana exerceria esse papel. Ora, mesmo que admitamos a segunda hipótese, menos favorável a um individualismo exacerbado e a um relativismo total, ainda assim seria necessário que a tese estivesse respaldada por uma adequada concepção de *razão*: o que é a alma, qual a sua relação com as outras faculdades humanas e para que objeto deve estar principalmente voltada. Na ausência de respostas a essas indagações, pouco importa a maior ou menor amplitude da tese de Protágoras, pois ela não abre a possibilidade de um conhecimento mais bem fundado a partir de procedimentos mais bem definidos. E assim, não permite ao homem conhecer e conhecer-se, condições para a obtenção da felicidade.

Sócrates foi um ateniense profundamente vinculado à sua cidade, e disso deu sobejo testemunho durante toda a sua vida, inclusive durante a prisão e até o momento da morte. Mesmo sabendo-se injustiçado, recusou a fuga e aceitou a sentença. Com isso mostrou que o indivíduo, sem a coletividade, não é nada. Mas é claro que seu vínculo não era com a prática social e política que de fato acontecia em Atenas. Por acreditar na virtude cívica, dedicou toda a sua vida a tentar encontrar os meios de renová-la e fortalecê-la. Nisso consiste a sua filosofia – e é preciso enfatizar que a filosofia, com Sócrates, pela primeira e última vez, teve um caráter *público*. É de acordo com esse caráter que se deve considerar que a busca socrática do fundamento da virtude cívica teve como finalidade

Felicidade

realizar, de forma coerente e harmoniosa, a relação entre felicidade individual e coletiva.

Como? Costuma-se simplificar a atividade de Sócrates, dizendo, por exemplo, que ele teria formulado um método que permitiria definir as coisas pelo seu conceito, interpretação que remonta a Aristóteles. Se assim fosse, seria bem curiosa essa figura do inventor da definição, pois, tanto quanto sabemos, jamais definiu coisa alguma. Melhor seria guiar-se pelo qualificativo que os estudiosos de Platão deram aos seus primeiros diálogos, aqueles que, provavelmente, refletiriam mais fielmente o pensamento de Sócrates: *aporéticos*, isto é, discussões que se interrompem antes que se tenha vencido a dificuldade inicial e, portanto, permanecem sem conclusão. Essa talvez seja a melhor descrição para o pensador que, embora se tenha tornado o patrono da filosofia, jamais teria formulado uma doutrina – ou mesmo, até, afirmado uma única tese como verdade absoluta.

Sócrates

Isso não impede que tenha buscado a verdade de forma intensa e apaixonada, e que tenha morrido por ela. Não se trata de paradoxo, mas sim de radicalidade. Para encontrar a verdade, é preciso estar em condições de descobri-la, e essa condição é a ignorância, isto é, o despojamento de todas as opiniões. Se lembrarmos que o exercício da política em Atenas baseava-se unicamente na opinião, com exclusão de todo saber específico, perceberemos a radicalidade da atitude de Sócrates – e simultaneamente a necessidade desse "método". A opinião é o que há de mais seguro e ao mesmo tempo de mais relativo: essas duas características conferem à opinião um caráter imobilizador do pensamento. Aquele que começa por dizer "sei que" acredita que concluiu a tarefa de pensar ou de conhecer antes de começá-la. Daí a insistência de Sócrates em dizer que "só sei que nada sei", afirmação irônica por conter precisamente na negação do saber a condição de todo conhecimento. Condição difícil, ainda mais num contexto em que as decisões políticas eram tomadas a partir do risco da opinião. Não surpreende que Sócrates tenha incomodado seus contemporâneos: o que ele propõe é quase a suspensão da vida política enquanto jogo de opiniões.

Os atenienses praticam o que acham que seja a virtude cívica; o que acham que seja a política; o que acham que seja a justiça; e entendem que essa prática conteria uma espécie de verdade intrínseca e uma autenticidade natural. Mas, assim como não se entrega o governo do navio àquele que pretende pilotar, mas sim àquele que sabe pilotar, por que não se exige que o exercício da política tenha como requisito saber o que é política, justiça, etc.? Não se estaria dando à segurança do barco uma importância maior do que ao bem-estar da comunidade? Essa questão desconcertante é plena de consequências. Trata-se de estabelecer uma relação até então inusitada entre *saber, fazer* e *poder*. Alguém só poderia *fazer política*, no sentido de orientar a vida pública, governar, se *soubesse* precisamente o que isso significa; e somente a este deveria ser dado *poder*.

Ora, saber *o que é* alguma coisa, discernir a sua verdade, supõe afastar-se da pluralidade relativa das opiniões diferentes e contraditórias e aproximar-se da unidade da verdade – daquilo que algo essencialmente *é*. Por isso o método socrático de interrogação, que ele chama de *maiêutica* (dar à luz, fazer nascer), visa mostrar ao interlocutor que suas opiniões são apenas a carga negativa de que ele tem que se livrar para abrir seu intelecto à visão da unidade do verdadeiro. Essa relação entre a teoria e a prática não visa à separação das duas instâncias, mas à sua adequada articulação. Não devemos esquecer que a finalidade de Sócrates é cívica e polí-

Felicidade 23

tica. A política é decisão e ação; mas a ação sem o conhecimento que a torne clara e coerente é cega e aleatória. Aquele que *sabe* o que é verdadeiro *age* corretamente. Essa atitude intelectualista será a marca de toda uma vertente ética da filosofia. A única causa do erro, seja na teoria, seja na prática, é a ignorância. O saber é, portanto, condição precípua do agir.

Assim, o preceito seguido por Sócrates, inscrito no templo de Apolo em Delfos, "conhece-te a ti mesmo" significa: a felicidade humana, a realização íntegra da excelência de ser humano, depende do conhecimento de si, isto é, do conhecimento do homem no plano da sua essência. A realização existencial de uma vida feliz (moral, pessoal, cívica, política) tem como requisito o conhecimento essencial de tudo que diz respeito ao homem, individual e coletivamente. A ignorância é causa do erro e da infelicidade; o saber é causa da verdade e da felicidade. Se a essência do homem é a sua alma, isto é, o seu intelecto, onde mais ele poderia encontrar a felicidade senão na intuição da verdade?

Em suma: a felicidade é o anseio de todos os homens; somente

Templo de Apolo

a virtude proporciona a felicidade; somente o saber proporciona a virtude; a alma é a sede do saber e só por ela podemos adquiri-lo; o erro moral é sempre um erro intelectual; somente cultivando o saber na e pela alma se alcançará a felicidade.

Platão (427-347 a.C.) sistematizou essa herança, dando a ela um tratamento sistemático que depois será caracterizado como *metafísica*. A questão que se apresenta, a partir de Sócrates, é a da busca da essência como unidade do ser, evitando a dispersão da pluralidade dos particulares, causa da variedade e relatividade das opiniões. Por isso Sócrates não se contenta quando o interlocutor, ao ser questionado acerca da coragem, da justiça, da política, da felicidade, da beleza, etc., responde dando exemplos de conduta virtuosa, de homens corajosos, e assim por diante, sempre conforme alguma opinião corrente. Sócrates procura conduzir o diálogo no sentido de mostrar que o modo correto de compreender essas coisas não passa tanto pela enumeração de casos ligados a alguma opinião formada, mas por uma visão do que seriam coragem, justiça, política e tudo mais no seu mais alto grau de generalidade, pois somente conhecendo a *essência* de alguma coisa é que poderíamos compreender os casos particulares que seriam expressões dessa realidade essencial.

Platão

O que fará Platão, no intuito de completar a tarefa iniciada por

Felicidade 25

Sócrates, é indicar como e onde podemos encontrar esses universais, condições absolutas do conhecimento essencial. O resultado é algo a que se tem denominado o *dualismo metafísico* que, mais do que uma doutrina específica, é um estilo de pensar a relação entre o particular e o universal, a aparência e a essência. Como o universal não se confunde com nenhum dos particulares dados na experiência imediata, é preciso supor que essa unidade *transcende* o mundo da experiência e se situa numa outra esfera de conhecimento. A essa oposição entre pluralidade aparente e unidade de essência corresponde uma outra, entre o *sensível*, dimensão das coisas particulares que são dadas à nossa percepção, e o *inteligível*, as unidades essenciais pensadas como condição de toda verdade, e às quais só temos acesso pela intuição intelectual. Há, portanto, um mundo de Ideias ou Formas (*eidos*), cuja *realidade* é *inteligível*, onde residem as essências, e das quais participam as coisas particulares nos graus que correspondem ao teor de realidade e de verdade que cada uma possui. Essa dependência do sensível em relação ao inteligível provém de que o mundo inteligível é mais real do que o sensível, na medida em que lá estão as verdades que devem fundamentar o conhecimento e orientar a conduta. Assim se justifica a anterioridade do saber como condição intelectual da ação.

Para chegar a esse nível de conhecimento é preciso cumprir um itinerário que Platão chama de *dialética*, uma ascensão gradual do particular ao universal, ou da opinião à verdade, e que pode ser vista como uma sistematização da *maiêutica* socrática. Com efeito, trata-se de exercitar a interrogação, fazendo de cada resposta um degrau na escada do questionamento, até que a mente, purificada e livre das opiniões, esteja em condições de intuir a unidade da verdade, isto é, a Ideia em si ou a Forma pura de tudo que é. Essa trajetória é ao mesmo tempo intelectual e ética, pois a aproximação da verdade se confunde com a purificação do intelecto ou a liberação da alma. Por isso, para Platão, as Ideias mais importantes são as de Verdade, de Bem e de Beleza, já que seriam, em última instância, as formas pelas quais conhecemos, agimos e contemplamos.

Franklin Leopoldo e Silva

Nesse sentido, não será mediante boas ações, tomadas cada uma em particular, que chegaremos a saber o que é o Bem, mas sim ao contrário: enquanto não tivermos chegado ao conhecimento do Bem em si mesmo, não poderemos identificar com segurança qualquer ação como *boa*, pois boas ações são aquelas que participam do Bem, são conteúdos concretos que derivam de uma Forma pura. Por isso toda ação que participa do Bem participa necessariamente da Verdade – os dois critérios são inseparáveis. É assim que se produz a ligação entre *saber* e *felicidade*: só é feliz aquele que conhece conforme a verdade e age conforme o bem. Atingir a *sabedoria* consiste no esforço para que o homem venha a moldar o seu próprio ser de acordo com essa dupla conformidade. Assim como Bem e Verdade se identificam no nível das Ideias inteligíveis, assim também o homem sábio desfruta a verdade e o bem de maneira necessariamente inseparável. Como se trata de atingir a esfera do inteligível, trata-se de uma tarefa da alma. É o cultivo da alma, pela dialética, que pode tornar alguém feliz, pelo reconhecimento de que o mundo das Ideias é a pátria da alma e que o mundo sensível é o seu exílio, que o corpo é a prisão do espírito – e que a filosofia consiste, portanto, em rememorar metodicamente as verdades que a alma já contemplou diretamente numa vida anterior, puramente espiritual, e na aspiração ao retorno a essa condição, o que seria a coroação da busca da verdade e a realização da felicidade.

Daí decorre que somente o sábio é feliz, não tanto porque já desfrute a felicidade completa, mas porque pode alimentar justificadamente a esperança do encontro da alma com a Verdade e o Bem. Assim, Platão estabelece uma relação íntima entre felicidade e transcendência (plenitude e imortalidade) que orientará toda uma vertente de concepções da felicidade. Trata-se, nesta vida, de preparar o caminho: a ascese individual, a educação, a organização política da cidade estarão voltadas para essa finalidade, que poderá num certo sentido ser antecipada, se o homem souber criar as condições para uma vida individual equilibrada, cultivando a virtude, que é a justa proporção entre a razão e as paixões, e se instituir

Felicidade 27

uma cidade justa, em que a harmonia social e política corresponda à harmonia da alma. Essa identificação entre saber e virtude, que resulta numa vida justa, é o que Platão designa como *sophrosyne*, a sábia ponderação, a sabedoria no seu mais pleno sentido.

Aristóteles (384-322 a.C.) permaneceu na Academia de Platão durante 20 anos: é importante considerar esse fato para compreender nos devidos termos a presença de Platão na elaboração original do pensamento aristotélico, isto é, em que medida a crítica a Platão e a incorporação do Platonismo constituem um só processo na formação da filosofia de Aristóteles.

A principal crítica atinge a transcendência que orienta o dualismo platônico: a distinção entre inteligível e sensível é também a separação entre dois "mundos" e a concepção do mundo das Ideias como "acima" do mundo sensível. O que Aristóteles se perguntará é se a distinção e a hierarquia exigem a separação absoluta e

Aristóteles

a superioridade do mundo inteligível em termos de realidade. Essa crítica já nos permite entender que o pensamento aristotélico se orientará não pela transcendência, mas pela *imanência*. Isso significa que a necessidade de elementos inteligíveis na compreensão da ordem das coisas não deveria implicar necessariamente a posição da realidade transcendente das Ideias: o inteligível pode desempenhar a sua função ordenadora em termos de uma organização imanente do sensível, e não precisa ser concebido à parte, com realidade própria e independente. Em outras palavras, é possível fazer a distinção entre sensível e inteligível, mostrar os respectivos papéis que a cada um cabe no conhecimento, considerando que há entre eles uma relação imanente e, mais ainda, que ambos são igualmente indispensáveis ao conhecimento, na medida em que a percepção sensível fornece dados cuja realidade não depende inteiramente do inteligível.

A essa perspectiva convencionou-se chamar o *realismo* de Aristóteles. O sensível não é simples aparência, mas o ponto de partida de todo e qualquer conhecimento que possua um objeto. Ocorre que o que nos vem pela percepção não é ordenado e articulado em si mesmo; necessita de elementos lógicos para adquirir *inteligibilidade*. Mas esses elementos – causas, categorias, princípios, etc. – só possuem sentido cognitivo quando associados aos dados empíricos, reais em si mesmos. Assim se dá a articulação entre lógica e realidade: a lógica é o instrumento de conhecimento da realidade. Não há sentido, portanto, em se falar de formas em si, ou de essências reais que as aparências apenas refletiriam imperfeitamente. A essência (que Aristóteles chama de *substância*) é um atributo real, o principal dentre outros, presente nas coisas. O teor de determinação e necessidade, que é sem dúvida o aspecto inteligível do conhecimento, não está separado das coisas.

Essa consideração do que há de sensível, concreto e contingente no conhecimento – sua matéria – leva Aristóteles a moderar o intelectualismo que predominava em Platão. Como as ações humanas estão submetidas a toda sorte de fatores contingentes e variáveis, não há como estabelecer uma relação direta entre a conduta dos indivíduos e as Formas intelectuais (o Bem em si) porque a esfera das ações humanas não é tão estritamente determinada quanto o universo dos objetos do saber teórico. Essa diferença faz com que Aristóteles não possa identificar, como na perspectiva socrático-platônica, conhecimento conforme a verdade e ação conforme o bem, pois os critérios de determinação do verdadeiro não se aplicam, segundo ele, à qualificação moral dos atos humanos. Estes estão submetidos a uma contingência irredutível, de modo que não há como articular todas as suas variáveis para que possamos ter deles uma visão e uma previsão eminentemente lógica, como no caso da realidade física ou dos objetos matemáticos.

Assim a racionalidade prática, que se traduz principalmente na *escolha* moral, manifesta-se como *phrônesis*, palavra que poderia ser aproximadamente traduzida por prudência, no sentido de um discernimento que permite ao indivíduo deliberar e optar na prática, apesar das flutuações próprias dessa dimensão. Não poderia, nesse caso, haver uma ciência da virtude. O discernimento permite ajustar a prática da virtude ao que Aristóteles denomina *justo meio*, o grau razoável do exercício de uma virtude. Isso é necessário porque, qualquer que seja a virtude, o excesso pode transformá-la em vício. A coragem, por exemplo, sem dúvida é uma virtude: mas o seu excesso, a temeridade, é prejudicial, assim como a sua falta.

Não sendo a virtude objeto de ciência, como a adquirimos, supondo que se possa adquiri-la? A complexidade dessa questão é a mesma que afeta a prática humana. Assim como nesta há uma pluralidade indefinida de fatores a considerar, assim também ocorre na formação do indivíduo virtuoso. A educação, os hábitos, o meio, as disposições inatas e muitas outras variáveis devem ser considerados. Mas, tanto no plano individual quanto no coletivo (política), o critério moral é sempre a ponderação, a busca do equilíbrio, a moderação, enfim, o justo meio. Por isso Aristóteles não acompanha Platão na absoluta desvalorização do corpo e na consideração de uma alma separada como a essência humana. Tudo isso faz com que em Aristóteles haja uma apreciação mais concreta da condição humana em sua inelutável contingência.

Assim como todo homem *deseja naturalmente saber*, como o filósofo nos diz no início do primeiro livro da Metafísica, assim também todo homem *deseja naturalmente ser feliz*. Mas, tendo em vista tudo que se disse acerca da natureza humana, em que consiste a felicidade? Não consiste no prazer, porque ele é efêmero e se supõe

Franklin Leopoldo e Silva

que a felicidade seja duradoura. Não consiste na riqueza, pela mesma razão, isto é, a instabilidade da posse dos bens materiais. Não consiste em honras e glórias, porque são igualmente transitórias. Mas nem por isso esses elementos devem ser desprezados, pois, se eles não constituem a felicidade, podem se tornar, no entanto, meios que nos ajudem a obtê-la. A felicidade consiste na estabilidade, num estado duradouro e permanente de contentamento que, no âmbito do significado ético da palavra, não pode ser completamente encontrado no mundo efêmero, diversificado e mutável.

O homem deve encontrar a felicidade naquilo que o *identifica*, que o *unifica*, e isso ele só achará na razão, isto é, na inteligibilidade de si mesmo. Assim como todas as coisas possuem um atributo principal pelo qual elas podem ser definidas, assim também o homem possui a razão, a capacidade inteligível, que o distingue – e é nisso que consiste a sua identidade e é a partir disso que ele deve procurar a sua felicidade. O sensível, como já vimos, não nos aparece desde logo como racionalmente determinado; é preciso que elementos lógicos e intelectuais atuem nessa determinação para que possamos representar o mundo a partir de uma ordem. Do mesmo modo, o homem, ao voltar-se para aquilo que nele é a dimensão racional, encontra a ordem humana no que ela tem de essencial. A felicidade consiste em viver em conformidade com essa ordem. A partir do efêmero, do transitório, do contingente, sem renegar esses elementos, mas utilizando-os com prudência e moderação, o homem pode elevar-se à Verdade, cumprir sua vocação contemplativa, independentemente da expectativa da imortalidade, a qual não é afirmada por Aristóteles, pelo menos com a mesma ênfase de Platão.

Viver em conformidade com aquilo que o identifica é, para o homem, realizar a excelência, a *aretê* como aquilo que cumpre a cada um *ser*. E a felicidade consiste em viver de modo a manifestar essa excelência. Como animal político, qualificação que possui a mesma importância que animal racional, é em sociedade que o homem realizará a sua virtude própria. Sem estabelecer a organização

Felicidade 31

política de forma tão precisa quanto Platão o fez na *República*, e levando em conta as diferenças e as contingências que também nesse plano estão presentes, Aristóteles acredita que o maior desígnio da vida coletiva é proporcionar aos indivíduos a condição de realizar a identidade: cultivar a razão, se possível até os limites da contemplação da Verdade absoluta. O que leva a um estado de felicidade que pode, até mesmo, aproximar o humano do divino.

A felicidade como vida interior

Aristóteles não somente presenciou o processo de decadência interna da democracia como também a viu desaparecer, enquanto sistema político efetivo, quando as cidades-estado gregas foram anexadas ao império de Alexandre da Macedônia, no curso das conquistas militares que levaram o imperador (de quem Aristóteles havia sido preceptor) ao domínio de boa parte do mundo conhecido na época. Com a morte prematura de Alexandre, em 323 a.C., o império foi dividido e a Grécia ficou sob o domínio de um dos reinos que então se formaram. Essa situação permaneceu mais ou menos a mesma até 146 a.C., quando as cidades gregas passaram a fazer parte do Império Romano.

A alteração das condições históricas ajuda a entender os rumos que tomou a filosofia depois de Aristóteles, bem como o significado que passa a ter então a reflexão ética enquanto instrumento de busca da felicidade.

Costuma-se denominar filosofia helenística o período que decorre desde a morte de Aristóteles (322 a.C.) até o apogeu do neoplatonismo, isto é, século III da era cristã, se admitirmos o nascimento de Plotino em 205. No entanto, é preciso considerar que contemporaneamente a Platão e Aristóteles já se haviam desenvolvido tendências que ficaram historicamente conhecidas como escolas socráticas menores, dentre as quais se destacam os cínicos e os cirenaicos. Trata-se em geral de grupos divergentes da Academia Platônica e do Liceu Aristotélico. As divergências prendiam-se principalmente à direção das investigações filosóficas que os socráticos menores entendiam como rumos que traíam o pensamento de Sócrates e, assim, a vocação originária da filosofia, por estenderem o campo de interesses para assuntos que Sócrates teria julgado inúteis ou impossíveis de serem elucidados.

O que os socráticos censuravam nos grandes sistemas de Platão e Aristóteles era o fato de não terem mantido a preocupação exclusivamente ética que caracterizara o pensamento de Sócrates: nesse sentido a abrangência dos sistemas representava, não um avanço, mas um desvio em relação àquele que deveria ser não apenas o principal, mas o único interesse do filósofo, a saber, a preocupação ética em encontrar a forma de vida compatível com a felicidade. Nisso deveria consistir a tarefa do sábio, na medida em que a conquista da vida feliz excede em importância toda e qualquer especulação acerca de princípios lógicos e da estrutura do cosmo. Tudo o que não se referir aos meios de se chegar à serenidade do espírito, condição de felicidade, deve ser excluído das preocupações do autêntico filósofo.

Para compreender a radicalidade com que os socráticos reivindicavam o caráter moral e prático como a marca distintiva da filosofia é preciso entender a relação que essa atitude mantém com as mudanças históricas do período, uma vez que essas alterações atingiram o próprio núcleo ético da cultura grega: a identificação entre homem e cidadão. Como vimos, o papel historicamente desempenhado pela *polis* na Grécia era o de ponto fundamental de referência ética da vida humana. Todos os valores morais e religiosos se constituíam no horizonte da cidade e a própria natureza humana era pensada por referência à virtude cívica. Ora, a incorporação das cidades a um grande império, primeiro o de Alexandre e depois o Império Romano, fez desaparecer a relação intrínseca entre o homem e a cidade, ou seja, dissolveu o conceito de cidadão, destituindo a condição humana de seu sentido mais originário e singular. Doravante a relação entre o homem e a cidade será *extrínseca*: o indivíduo será apenas um habitante sem direito a uma vida política ativa, já que todas as decisões referentes aos destinos da cidade serão tomadas sem a sua participação, de forma distante e mediante procedimentos desconhecidos. É esse o significado da transformação do cidadão de uma democracia direta em súdito de um grande império: diluição do vínculo com a cidade e distanciamento entre vida e atividade política. Se recordarmos a primazia do vínculo entre comunidade e indivíduo na constituição da vida concreta do homem grego, afirmada de modos diferentes, mas com ênfase semelhante em Platão e Aristóteles, poderemos fazer uma ideia do impacto dessa transformação na própria concepção de homem. É o próprio sentido de ser humano que essa quebra de laços põe em jogo. O indivíduo sente-se esvaziado da significação cívica que dominava a sua vida; a força moral de cada um deixa de ser alimentada pela ética comunitária. É o alcance dessa perda que fará o homem voltar-se para si mesmo, na tentativa de reencontrar-se.

A máxima socrática "conhece-te a ti mesmo" aparece então como uma espécie de orientação emblemática da filosofia. Mas é preciso levar em conta que o sentido que essa frase possui em Sócrates nada tem a ver com o isolamento do indivíduo, pois a preocupação de Sócrates é indissoluvelmente com o indivíduo e com a cidade: um grego daquela época dificilmente poderia conceber uma coisa sem a outra. Mas os socráticos fixam-se no aspecto reflexivo exigido pela *maiêutica*: a procura da essência dentro de si, no plano do pensamento. Essa interpretação que privilegia a busca interna da identidade é talvez a primeira manifestação do que se constituirá depois como o domínio da vida interior e sua relação singular com a Verdade e o Bem.

Essa relação singular, construída a partir de uma definição específica do domínio da interioridade como a única possibilidade de autonomia, dá origem a uma concepção *moral* de liberdade, que traz em si o germe da separação entre ética e política. Rompidos os vínculos comunitários, isto é, políticos, o valor da individualidade passa a repousar na liberdade interior. O sábio será livre e feliz na medida em que a força de sua vida interior sobrepujar todas as injunções da exterioridade em seus diversos aspectos, desde a percepção sensível até a dominação política, passando pelos avatares da justiça, do prazer e da dor.

Apesar do desprezo dos socráticos menores pela investigação de caráter lógico e cosmológico, os grandes sistemas do período helenístico recuperaram em parte a vocação totalizante do aristotelismo. Isso certamente se deve ao fato de que a Academia e o Liceu não deixaram de influenciar o pensamento filosófico da época. Aliás, segundo os historiadores, o próprio termo *sistema* aparece nesse período, e é aplicado à filosofia enquanto elaboração reflexiva que contempla a lógica, a física e a ética, de forma integrada, isto é, sistemática. Assim tanto o Epicurismo quanto o Estoicismo, que são as vertentes a que nos referiremos aqui, contêm uma teoria do conhecimento, em seus aspectos lógicos e linguísticos, uma física, que deve ser entendida como uma cosmologia e uma metafísica, e uma ética, isto é, uma concepção do bem-viver ou da vida segundo a virtude. Ainda assim, no entanto, é possível notar que as elaborações teóricas acerca da lógica, da física e da metafísica possuem sobretudo um sentido introdutório àquilo que realmente importa, a reflexão ética, isto é, são meios para o filósofo estabelecer as condições da vida ética.

Epicuro (341-270 a.C.) fundou sua escola (que ficou conhecida como Jardim, devido à sua localização) em Atenas por volta de 307 a.C., e escreveu numerosas obras, das quais a maioria se perdeu. Para entender sua ética, é preciso esclarecer uma noção central para a filosofia moral grega: a *eudaimonia*, que pode ser definida como a vida feliz. *Eu* significa bom, feliz, prazeroso, e *daimon*, uma espécie de gênio tutelar que orienta o indivíduo; a expressão remete, pois, a uma vida orientada por um bom gênio, ou seja, dirigida à felicidade. Na doutrina epicurista, a felicidade consiste no prazer e, desse modo, a ética é governada pelo princípio que nos manda procurar o prazer e evitar a dor. Mas o *eudemonismo* é bem mais complexo do que a simples busca do prazer, no sentido simplesmente hedonista, isto é, o prazer físico ou aquilo que habitualmente se apresenta como o mais agradável.

Felicidade 35

O Epicurismo foi vítima de uma distorção que o tem acompanhado no decorrer dos tempos. Não existe, na doutrina, exaltação do prazer físico e imediato; pelo contrário, a sabedoria consiste em discernir os prazeres compatíveis com a serenidade que se pode conseguir numa existência feliz e duradoura. Nesse sentido está excluída qualquer subordinação a paixões que nos levariam ao gozo efêmero, do tipo daquele que depois se transforma em causa de dor. O *eudemonismo* está estreitamente associado à *autarquia*, isto é, à autonomia na escolha de prazeres que produzam uma felicidade autêntica. Jamais a felicidade pode estar vinculada à escravidão às paixões, pois a condição da vida feliz é a liberdade. Assim, há prazeres que redundam em dor, e há dores que redundam em prazer. É essa relação complexa que torna incorreta e injusta a imagem que se formou do Epicurismo como a busca do prazer a qualquer custo. É o equilíbrio que deve presidir essa busca, pois a felicidade continua sendo apanágio do sábio.

O que não significa que Epicuro se remeta a Platão, o qual, pelo contrário, é alvo de duras críticas, por ter concebido a felicidade humana como dependente de fatores transcendentes. A doutrina epicurista é radicalmente materialista e esta é uma característica que precisa ser bem compreendida. Epicuro é herdeiro da física atomista de Demócrito: a realidade é constituída de átomos que se movem no vazio; tudo que existe é fruto da reunião dessas partículas elementares. No universo de Epicuro, os átomos caem verticalmente; nessa queda, ocorrem aleatoriamente desvios, chamados *clinamen*, que dão origem aos mundos por meio do choque de átomos. Nesses desvios se inscreve a liberdade num movimento que, de outra forma, seria inteiramente determinado. Tudo é formado de átomos, portanto, tudo é matéria. Esse materialismo, no entanto, é herdeiro da noção de *physis* (natureza), tão presente na tradição grega. Ora, a indeterminação do *clinamen* é uma expressão da natureza e serve também para explicar a liberdade humana a partir da concepção naturalista de ser humano. Assim, tanto cosmológica quanto eticamente, o materialismo epicurista é compatível com a liberdade e, portanto, diferente do materialismo moderno, de teor mecanicista e que subordina o conhecimento das ações humanas a princípios gerais de determinação objetiva válidos para todo e qualquer tipo de realidade.

Esse materialismo tem ainda a finalidade de libertar o homem de tudo que não for imanente à natureza: daí a crítica do Platonismo e de outras formas de transcendência idealizante. Nesse sentido, é significativa a concepção epicurista dos deuses: se existem, estão numa dimensão completamente alheia à nossa e nada têm a ver com o destino dos homens. Ou seja, a felicidade humana não depende dos deuses; depende da compreensão que o homem vier a ter de sua natureza e de sua capacidade de agir em conformidade com ela. Nisso consiste a *phrônesis*, a prudência pela qual o homem, discernindo o que lhe convém, pelo conhecimento da sua natureza e da natureza em geral, pode alcançar a felicidade, que está na sábia medida dos prazeres. Essa concepção da condição humana também liberta o homem da preocupação com a morte: esta simplesmente não constitui uma questão relevante porque, enquanto o homem existir, a morte não existe; e quando esta vier a existir, o homem já não existirá mais. Observe-se que o naturalismo presente numa concepção como essa não possui, no contexto epicurista, a função de apequenar as preocupações humanas; trata-se, em vez disso, de libertar o indivíduo de fantasmas que limitem a fruição da vida e comprometam a felicidade. A fruição humana do prazer natural, repetimos, não significa hedonismo puro e simples; basta, para isso, assinalar que um dos maiores prazeres de que o indivíduo pode gozar é, para Epicuro, a *amizade*, isto é, a convivência comunitária como cultivo da sabedoria. Essa comunidade já não é a *polis*, algo definitivamente impossível nas condições históricas, mas o seu caráter, por assim dizer, privado, não a torna menos capaz de propiciar a virtude.

O Estoicismo é contemporâneo do Epicurismo e com ele entrou em polêmica. De todas as elaborações filosóficas do período helenista, o Estoicismo é, seguramente, a mais sistemática. Pode-se dizer

Felicidade

também que foi a que permaneceu mais tempo, sua influência estendendo-se até a modernidade. O fundador, Zenão de Cítio (332-262 a.C.), não era grego, embora tenha vivido a maior parte de sua vida em Atenas e lá tenha desenvolvido sua formação filosófica, frequentando inclusive a Academia platônica.

A doutrina ética estoica articula-se em torno das noções de *Logos*, Destino e Virtude. Ao *Logos* corresponde uma visão absolutamente racionalista da unidade do cosmo e do princípio que a tudo governa. O Destino significa a inflexível determinação da Razão Universal em relação a todas as coisas, inclusive a vida humana. A Virtude consiste em chegar, pela sabedoria, à mais perfeita conformidade com o curso do universo. Observe-se como há uma perfeita integração entre Lógica, Física e Ética. O conhecimento autêntico é um assentimento às representações que temos do mundo, como um sistema coerente e necessário de elementos articulados física e logicamente. A conduta ética está em conformar-se ao curso das coisas e aceitar livremente aquilo que está determinado a acontecer. Não querer *que* aconteça, mas querer *o que* acontece, diziam os estoicos. A felicidade consiste, portanto, em viver de acordo com a natureza, a partir da compreensão e aceitação da ordem universal, isto é, do *Logos*. Ordem significa *necessidade* ou a absoluta racionalidade do cosmo.

Zenão de Cítio

Tal como o Epicurismo, o Estoicismo também se pauta pelo materialismo e rejeita a transcendência: o *Logos* é imanente à natureza e, na verdade, são uma e a mesma coisa. A questão ética que se coloca, a partir desse racionalismo determinista, é como entender a escolha moral e como orientá-la na direção do Bem. Diferentemente do Epicurismo, a ação humana não está orientada pela busca do prazer e pela fuga da dor. O que a move é o velho preceito aristotélico: tudo que existe tende a persistir no seu ser. Podemos entender esse princípio como a finalidade de autopreservação e auto-identificação que constituiriam o objetivo de todos os seres. No caso do ser humano, esse princípio é observado como regra da vida ética. O que é preciso fazer para preservar-se, identificar-se e tomar posse do seu próprio ser?

Em primeiro lugar distinguir racionalmente entre aquilo que contribui para a adequada apropriação de si, que seriam os *bens*; aquilo que prejudica a preservação e a identificação, os *males*; e as coisas que aí não interferem e que seriam os *indiferentes*. Entre os bens, devem ser mais desejados aqueles que atendem às mais altas exigências da razão; tudo que se opõe a isso deve ser rejeitado como mal. Entre as coisas indiferentes impõe-se uma hierarquia: a riqueza, que é indiferente, deve ser preferida à pobreza; a saúde, à doença, etc. Dir-se-ia que os bens puramente racionais são dotados de valor absoluto, e os elementos indiferentes que estariam presentes em nossa vida devem ser considerados como relativos aos primeiros, no sentido de que podem servir de meios auxiliares para que possamos alcançá-los.

Daí decorre que a virtude é algo absolutamente racional, pois a vida segundo a razão é a realização da excelência (*aretê*) humana. Essa correspondência entre virtude e razão está profundamente inscrita na coerência da doutrina estoica como um todo. Como já vimos, é o *Logos*, razão universal, que tudo governa. Quando o indivíduo age segundo a razão, que é sempre a compreensão da totalidade e de sua necessidade, ele realiza em grau elevado a conformidade entre o microcosmo e o macrocosmo, entre a

Felicidade 39

sua individualidade e a totalidade do cosmo. Daí a importância de compreender a vida como destino. Não se trata de resignar-se à fatalidade, mas de observar a mais estrita racionalidade em si e nas coisas. A ética estóica segue a tradição do intelectualismo socrático, razão pela qual, para o Estoicismo, a vida feliz é a vida conforme a razão.

E como o determinismo expressa a razão universal, a conformidade à razão é a conformidade com os estados de coisas que constituem o universo e com as situações presentes na vida. Nesse sentido diziam os estoicos que aquele que não segue o destino é arrastado por ele. A *retidão moral* reflete no âmbito das ações individuais a ordem da totalidade, por isso ela exige a compreensão da totalidade e é própria do sábio. Toda ação virtuosa traduz o *Logos* universal. É notável o esforço estoico para compatibilizar a harmonia interior, que é a disposição moral do sábio para adequar-se ao Todo, com a ordem racional do cosmo, de modo a que, tanto num caso como no outro, a adequação seja um auto-ordenamento, organização imanente que é sempre preservação e identificação do ser. Nesse sentido, não surpreende que as paixões, e a desordem que acarretam, sejam postas na conta da ignorância ou do predomínio da irracionalidade. O afastamento da razão é o distanciamento do Bem, tal como em Sócrates. Pelo contrário, a conformidade ao destino e à razão cria a *impassibilidade*, atitude que caracteriza o sábio como alguém que está além das perturbações das vicissitudes da vida e, assim, goza da felicidade. As paixões, que nos perturbam quando nos deixamos levar por elas, não são causas dos malefícios que daí podem decorrer; tal exacerbação é antes efeito da ignorância acerca da verdadeira ordem no indivíduo e no cosmo.

A unidade do *Logos* e a generalidade do determinismo, tão eloquentemente expresso no estoicismo pela coerência das partes do sistema (lógica, física e ética), implicam como consequência o universalismo, característica estranha às filosofias clássicas da antiguidade. Esse universalismo, cujas raízes históricas já localizamos no cosmopolitismo derivado do advento dos grandes impérios e da desvinculação entre indivíduo e comunidade civil determinada, ganha contornos mais nitidamente filosóficos no Estoicismo. Com efeito, sábio é todo aquele que pode aceder à conformidade entre a alma individual e o Todo – de direito qualquer homem. Como a contingência da estirpe, dos bens materiais, do local e das condições de nascimento são elementos eticamente indiferentes, é a aquisição da sabedoria por meio do desenvolvimento de aptidões internas que levará o indivíduo ao exercício da autonomia moral. Nesse sentido, é emblemático que, entre os grandes filósofos estoicos, possamos situar indivíduos tão diferentes como o escravo Epiteto e o imperador romano Marco Aurélio. Apesar de condições de vida tão opostas, ambos convergem quanto à liberdade da alma individual e a adequação de si à alma do mundo: ambos desfrutam a mesma felicidade interior.

Marco Aurélio e Sêneca são representantes do que se convencionou chamar "Estoicismo romano", que se situa, por sua vez, no âmbito da assimilação do pensamento grego pelos romanos. É a partir dessa situação histórica e de suas consequências filosóficas que devemos entender a relação entre o vocábulo grego *ethos,* como a designação da vida ética, e a palavra latina *mores* (costumes), da qual provém o termo *moral,* que pode perfeitamente ser utilizado como sinônimo de ética. O que se deve ressaltar como diferença entre as duas palavras não é uma distinção teórica ou doutrinal, mas o viés próprio do pensamento romano – prático e histórico – que tende a considerar como fundamento suficiente da ação humana aquilo que se apresenta como paradigma nos *costumes* e na tradição constitutivos do estilo romano de vida.

Pode-se perguntar como a concepção estoica de mundo e de homem, estritamente determinista, que confere tanta ênfase ao destino e à inexorabilidade do processo do devir, é compatível com a ação, a escolha, enfim, a liberdade que devemos supor na vida ética. Não se trata, como já vimos, de uma resignação fatídica. O homem pode escolher o caminho das paixões e da luta inglória contra o destino, assim como pode escolher o caminho da sabe-

Felicidade

Marco Aurélio   Sêneca

doria, que é o de adequar-se livremente a uma necessidade compreendida como ordem cósmica e divina. Quando o sábio alia-se à necessidade, não se torna escravo dela; pelo contrário, nesse caso, ele está escolhendo o melhor curso para a sua vida, pelo exercício dessa capacidade eminentemente humana que é a razão. E nesse sentido é livre, porque plenamente consciente do seu poder e de seus limites. É senhor de si: essa autarquia é a forma mais elevada de coerência. Há uma relação de total identificação entre razão, virtude e felicidade.

2 A ideia de felicidade no Cristianismo

Na ética grega há uma profunda convicção de que o homem não pode vencer o tempo. Essa impossibilidade é contornada, na ética heroica, pelos feitos do herói que permanecerão na memória dos homens; na filosofia platônica, pela metafísica dualista que, separando a alma do corpo, pode afirmar a possibilidade da sua imortalidade. Mas Aristóteles, que concebe a alma como a funcionalidade do corpo, ou sua forma, não pode, por coerência, postular o espírito imortal. E as éticas helenistas, como vimos, materialistas e imanentistas, devem aceitar a temporalidade própria da condição humana.

A novidade do Cristianismo em relação ao pensamento filosófico grego (e não a outras vertentes, inclusive, na Grécia, a religião órfica) é a transformação da dimensão futura do tempo em imortalidade como promessa e graça, isto é, como salvação. No diálogo *Fédon*, Sócrates, interrogado pelos discípulos acerca da imortalidade da alma, responde que esse é um belo risco a correr. O Cristianismo transforma esse risco em certeza da fé. Isso acarreta uma profunda mudança na experiência da temporalidade: a *condição* efêmera de que o homem desfruta nesta vida não é a sua *natureza*. A sua alma, pela qual ele é semelhante a Deus, é imortal; a criatura participa da eternidade do Criador. O retorno à origem, ao seio da eternidade, é uma promessa do próprio Deus e, nesse sentido, não cabem dúvidas a respeito, inclusive porque

Felicidade 43

o pecado, que poderia comprometer a imortalidade, foi perdoado graças à misericórdia divina e pela intervenção histórica do próprio Deus que se encarnou para resgatar o homem da morte.

São Paulo afirma que, pela mensagem cristã, o homem doravante sabe que não é escravo, e sim filho, e, como tal, herdeiro. A forma pela qual o homem tomará posse de sua herança eterna é a imortalidade. A natureza imortal da alma determina de modo fundamental a finalidade ética da vida e a inscreve na condição peregrina, que é um modo de viver o efêmero segundo a eternidade. Ora, a promessa de imortalidade é promessa de felicidade, porque não se trata apenas da continuidade da vida, mas da transformação da vida peregrina, marcada pela alteridade e pela errância, na identidade bem-aventurada da alma que encontrou a sua pátria. Essa descontinuidade está indicada na ideia de ressurreição, que significa a passagem da vida incompleta, aquela que terminaria com a morte, para a verdadeira vida, na qual a morte não tem lugar.

Essa diferença, na verdade uma oposição, entre condição mortal e natureza imortal, destitui o caráter efêmero das coisas humanas de seu estatuto ético, pois permite separar, em termos de valor, o significado da dimensão temporal e o significado da eternidade, o qual, atuando como critério, anula o efêmero no que diz respeito ao seu peso e alcance na realização do destino da alma. Isso repercute decisivamente na ideia de felicidade: como não pode haver medida comum entre mortalidade e imortalidade, a certeza desta última como estado interminável de felicidade faz desaparecer a tensão entre felicidade e infelicidade na própria provisoriedade da vida mortal. Não se trata mais de alternância, pois o devir que nos faz experimentá-la nessa vida não é nada comparado à permanência da felicidade imortal da alma na outra vida.

A consequência ética é que não se deve tanto procurar a felicidade nesta vida, isto é, no âmbito das coisas efêmeras, mas sim preparar-se para o gozo da felicidade no âmbito da eternidade. É claro que isso implica uma certa definição de felicidade e, por conseguinte, de seu contrário. Suportar o sofrimento, a injustiça, a iminência da morte adquire outro significado: o mal fica marcado por uma relatividade que tenderá mesmo a dissolver sua realidade negativa em face da magnitude positiva do Bem. Assim a resposta à pergunta pela possibilidade de uma *vida feliz* para o cristão só pode ser dada no âmbito de um dualismo metafísico que se apresenta como condição da identidade ética. Compreenda-se: a condição mista do homem (corpo/alma), experiência da qual não pode fugir, apresenta-se como a oportunidade para fazer dessa experiência motivo de elevação à consciência de sua natureza espiritual, o que motiva desde logo uma vida ética pautada pela hierarquia, de índole platônica, entre tempo e eternidade. O homem é semelhante a Deus por natureza, e também alguém que se torna digno dessa semelhança pela vida ética, pela livre aceitação do significado imortal de felicidade. A filiação divina aproxima-se, no entender de São Paulo, da deificação, o que está de acordo com a herança divina que trazem os filhos de Deus.

A identidade ética é também teológica, porque somente encontrada em Deus: no Pai através do Filho. A conquista dessa identidade supõe o destino imortal como finalidade. Como e até que ponto a liberdade atua nesse itinerário do homem para Deus – e que é também o caminho para si mesmo – é um problema difícil e que envolve séculos de discussão. Mas o Cristianismo conserva a ideia fundamental de que a identidade é a felicidade; por isso o homem *se* identifica *em* Deus, em quem está a sua felicidade. A breve menção de dois dos maiores pensadores cristãos pode nos ajudar a compreender a questão.

Santo Agostinho

A filosofia de Agostinho (354-430) é essencialmente prática e, nesse sentido, pode ser vista, em sua totalidade, como uma filosofia moral. Esse é um dos aspectos que decorrem da relação entre filosofia e teologia, relação que em Agostinho é de tal modo harmônica que tende para a identificação. Na impossibilidade de tratar esse problema complexo, apenas podemos remeter à identificação platônica entre Verdade e Bem. Para Agostinho, cujo pensamento tem profundas raízes platônicas, Platão atingiu o mais elevado nível de verdade a que alguém poderia chegar independentemente da revelação divina, o que para um pensador cristão significa ainda a visão incompleta da verdade, que em si mesma se confunde com o próprio Deus, precisamente porque teria descoberto a *transcendência*, isto é, o caráter não material e inteligível da verdade e do bem. O Cristianismo prolonga e transforma essa intuição ao aceitar que Deus é a unidade transcendente da Verdade e do Bem: prolonga porque identifica, para além das ideias eternas e imutáveis, o Ser na qual as Formas se unificam; transforma porque vê nesse Ser não apenas a Forma das Formas, mas a Pessoa, a Criação e a Providência, isto é, faz da causa e da razão de ser de todas as coisas mais do que uma Essência abstrata, ao estabelecer entre o homem e Deus uma relação íntima, profundamente inscrita no mistério de um Deus que se fez homem por amor dos homens. É esse amor que torna concreto o vínculo entre a finitude humana e a eternidade de Deus.

O Cristianismo supera a *theoria* – o sentido grego do conhecimento contemplativo – exatamente pela identificação entre conhecimento e amor (*caritas*), na medida em que o conhecimento da verdade e o amor do bem se entrosam numa mesma fé.

É nesse sentido que se diz que a ética e o conhecimento do universo como a ordem de todas as coisas (ontologia) se integram perfeitamente, porque tanto os valores éticos quanto a estrutura do mundo procedem da mesma causa absoluta que é Deus. A ideia de ordem remete à questão tradicional de como entender a relação entre unidade e multiplicidade, pois a ordem não é senão a ordenação da multiplicidade sob o critério da unidade. A vinculação entre ontologia e ética permite dizer, então, que essa ordem criada por Deus é ao mesmo tempo objeto de conhecimento e de amor: por meio do conhecimento de sua estrutura, chegamos à verdade; ao mesmo tempo, sua divina beleza nos deleita, isto é, desperta o nosso amor. Essa ordem corresponde ao *Logos* das filosofias gregas, que no Prólogo do Evangelho de São João aparece transfigurado no Verbo que se fez carne. Conformar-se a essa ordem é ordenar-se à perfeição, e isso tem um efeito antropológico não apenas porque o ser humano é parte dessa ordem, mas também porque pode vê-la, pela razão e pela fé, como criação, obra de Deus.

A ordem é também *histórica*, na medida em que atinge o homem (indivíduo e sociedade) e suas ações. Nesse sentido em que a história é ordem divina, ela é fundamentalmente história da salvação, isto é, cumprimento da Promessa. Daí a importância fundamental do Cristo como centro da história e da redenção como criação do novo homem, liberto pela graça da inexorabilidade do pecado de Adão.

A ordem possui um princípio e um fim, ambos em Deus. A inserção humana nessa ordem manifesta-se pela ordenação interna ao próprio homem (corpo, psiquismo e alma) que reproduz como que em microcosmo a ordem geral. Seguindo essa ordenação o homem poderá organizar seu itinerário salvífico adequando a razão e a liberdade à graça dispensada por Deus. A vida ética consiste em cultivar essa relação, que conduz o homem desde a marca divina originalmente impressa por Deus e obscurecida pelo pecado até o renascimento da natureza pelo efeito redentor. Orientado por essa imagem, o homem pode guiar-se eticamente até a *beatitude*, finalidade última da vida cristã, felicidade daquele que cumpre o destino da criatura de elevar-se a Deus.

A ordem, criada por Deus, é evidentemente perfeita. Cumpre distinguir, nessa perfeição, a hierarquia que articula o Todo como Bem. Nesse sentido Agostinho propõe que essa ordem seja interiorizada pela distinção entre *uso, fruição* e *amor*. Devemos *usar* os bens relativos que estão ao nosso alcance como instrumentos que nos auxiliem no alcance de bens espiritualmente mais valiosos; destes podemos *fruir* como fins aos quais aqueles instrumentos estariam subordinados; e devemos *amar* a Deus como princípio e fim de tudo que podemos ser, ter e fazer. Essa articulação abre os horizontes pelos quais devemos orientar a tendência natural à felicidade, pois somente a observação dessa hierarquia pode nos conduzir à vida feliz como *vida beata*. Vê-se como Agostinho complementa a orientação transcendente do platonismo com o mandamento bíblico que coloca o amor a Deus acima de tudo. A ética de Santo Agostinho manterá essa vinculação entre helenismo e Cristianismo no próprio núcleo da reflexão.

A tendência natural à felicidade significa a busca espontânea do bem. Não é preciso, no contexto da ética agostiniana, afirmar que a felicidade consiste em procurar o bem e evitar o mal, pois todo objeto de desejo humano aparece, por definição, como bem. E não apenas aparece, como de fato é, já que, num universo perfeito em seu gênero, todas as coisas são boas. Mas como há bens relativos, além do Bem Absoluto, o erro moral consiste em tomar como absoluto um bem relativo. Posso fazê-lo devido ao livre-arbítrio. Quando isso acontece, o homem se empenha em buscar a felicidade no plano dos bens relativos, aqueles que devem ser usados, não fruídos e muito menos amados. Isso acontece porque há uma pluralidade de bens, o que enseja a confusão entre relativo e absoluto. É claro que a felicidade, no sentido da beatitude, só pode advir da vinculação do homem ao Bem Absoluto pelo amor. Quando tomo o relativo pelo absoluto, passo a amar aquilo que não é absolutamente amável – o que vem a ser a perda e a dispersão do amor e, por consequência, a infelicidade. A inquietude, que Agostinho experimentou tão intensamente antes da conversão, deriva dessa inadequação do amor ao objeto amado. A felicidade, pelo contrário, é o repouso do coração em Deus.

Tudo isso significa que, para Agostinho, *o Mal não existe*. A oposição entre Bem e Mal é substituída pela diferença entre Bem Absoluto e bens relativos. Como Deus é perfeito, sua criação é perfeita, ou melhor, da perfeição absoluta de Deus decorre a perfeição relativa do universo criado. Não pode haver dois princípios antagônicos que governem o universo, como pensavam os maniqueístas. É claro que isso não significa que não exista erro moral e

Franklin Leopoldo e Silva

pecado: existem precisamente porque o homem tem a liberdade de preferir o relativo ao absoluto, de amar a criatura em vez do criador. Por isso a virtude consiste na reta direção do amor, na *ordem do amor*. O amor é a virtude de todas as virtudes; assim, quando amamos aquele que deve ser amado, a felicidade se realiza, pela identificação do homem com Deus e consigo mesmo.

Por isso, como já vimos, o encontro de Deus – que é também e necessariamente o encontro da alma com ela mesma – substitui a ansiedade pela felicidade. De modo que procurar Deus é o mesmo que procurar a si mesmo. O encontro se dá na interioridade, na dimensão que Agostinho denomina o mais íntimo interior. Pois a absoluta transcendência de Deus não impede que ele esteja na alma, em seu estrato mais profundo. O significado e a força do amor como virtude provêm dessa presença, que por ser tão íntima pode parecer muito distante. Assim há uma identidade entre o encontro de Deus, da alma e da felicidade: nesse encontro o homem se identifica e sente quão arraigada é a sua pertinência à ordem divina. Sabedoria e felicidade consistem em desfrutar essa beatitude.

Assim como a ética agostiniana revela a presença forte do platonismo, o que se explica pelas condições históricas e pela própria biografia de Agostinho, o pensamento ético de Tomás de Aquino (1221-1274) se caracteriza, como ocorre em toda a sua filosofia, pela tentativa de operar uma síntese entre a filosofia aristotélica e a doutrina cristã. No século XIII, o Ocidente se beneficia da transmissão de um importante legado constituído pelas traduções e estudos das obras de Aristóteles pelos árabes. Os comentários de Santo Tomás aos livros de Aristóteles, bem como sua própria sistematização filosófica, são, em larga medida, devedores dessa herança. Tal como em Agostinho, a ética elaborada por Tomás de Aquino está plenamente integrada às outras partes da sua filosofia: a vasta obra de Aristóteles fornece um modelo sistemático que é seguido de perto, como eminente paradigma racional ao qual se agregam sinteticamente os conteúdos da Revelação. Como verdades não se opõem, a Filosofia, que para Tomás teria encontrado em

Felicidade 49

Aristóteles a sua plena realização, harmoniza-se com a Teologia, enquanto expressão da verdade cristã, respeitada a precedência desta última, que contém princípios mais elevados do que a razão poderia encontrar por si mesma.

A ordem do ser e do conhecimento que Tomás encontra em Aristóteles não é, em todos os pontos, diretamente vinculada à transcendência, como em Platão. O realismo aristotélico supõe uma autonomia relativa do mundo sensível, o que significa que tanto o conhecimento quanto o curso das ações humanas podem ser considerados no plano físico e natural. Essa diferença é crucial: ao mesmo tempo que permite a Tomás uma visão da teoria e da prática delineada a partir da natureza e das possibilidades humanas, em termos de articulação e encadeamento, enseja, principalmente no plano moral, certa dificuldade para compatibilizar esse naturalismo com a transcendência implicada na noção de Deus, uma vez que Aristóteles não afirma a existência de Deus nem a imortalidade da alma em sentido compatível com a noção cristã de transcendência. Note-se que esse aspecto repercute diretamente na concepção de felicidade, pois não é incoerente, no contexto do realismo de São Tomás, considerar as condições de possibilidade de um estado de felicidade compreendido nos limites da natureza, já que o homem é um ser cuja *forma* espiritual é inseparável da *matéria* corporal. Ao mesmo tempo, a transcendência de Deus implica a dimensão sobrenatural do destino do homem e as finalidades transcendentes que deve observar no plano da vida ética.

O ponto de partida é, também para Tomás, a ordem da criação. Nessa ordem cada ser está submetido a várias causas, entre as quais a causa final que contém o sentido da existência. No plano ético, a deliberação acerca do curso das ações deve levar em conta a *finalidade*, não apenas no que concerne aos fins próximos, mas também aos fins últimos da existência humana, pois são estes que configuram, num plano superior, o significado da vida. Todo homem almeja como finalidade da vida ética alcançar a felicidade: ora, dada a natureza humana, que não pode ser definida apenas na esfera físico-natural, o estado de felicidade somente será completo se nele o homem realizar a vocação que o distingue entre as demais criaturas, que é a contemplação de Deus. Mas essa contemplação, pela natureza de seu objeto, não pode ser apenas conhecimento racional, uma vez que Deus é inatingível à razão na sua essência própria. Quando o intelecto demonstra a necessidade de uma causa primeira que dê consistência ao encadeamento natural, não atingiu ainda a existência de Deus, mas apenas a necessidade lógica de que exista um princípio. Assim, o homem não alcança, por suas próprias forças, a felicidade coerente com a dimensão sobrenatural de seu ser. Há uma desproporção entre a finalidade contemplativa e as possibilidades humanas de alcançá-la.

Mas, ainda assim, a procura da felicidade se dá conforme a natureza, porque cabe ao intelecto conceber os fins e à vontade, alcançá-los. Quando a razão se detém diante das condições sobre-naturais requeridas para a plena realização espiritual do homem, ela não entra em contradição consigo mesma nem com a fé, à qual cabe fornecer os parâmetros que orientarão a vida ética em direção à transcendência. É a razão que escolhe os meios; é a vontade que executa as escolhas. No entanto, intelecto e vontade estão dirigidos ao fim sobrenatural, que por si mesmos não poderiam atingir. É preciso que interfira a *graça de Deus* que, segundo São Tomás, não contraria a natureza, mas a aperfeiçoa. Dessa forma se estabelece uma continuidade entre natureza e sobrenatureza, sem que por isso se anule a distância entre a finitude humana e a infinitude divina.

A mesma articulação sustenta a prática das virtudes. Há virtudes, como a justiça, a temperança, a sabedoria, que o homem pode al-cançar naturalmente. Há outras, como fé, esperança, caridade, que exigem a presença da graça. Essa diferença não constitui oposição, mas um equilíbrio entre natureza e graça que preserva, ao mesmo tempo, a condição criatural, que implica dependência do criador, e a liberdade, ou a autonomia humana no plano ético. Note-se que o criador inscreveu, como sua imagem e semelhança, na própria natureza humana o desejo de Deus. Assim, se por um lado Deus é

Felicidade 51

a causa primeira que faz o homem desejá-lo, por outro lado, cabe ao homem, por meio do intelecto e da razão, procurar os meios de satisfazer esse desejo, que só será inteiramente satisfeito quando, por obra do próprio Deus, a busca humana de felicidade encontrar sua realização na beatitude como contemplação.

Se é pela aspiração a Deus que reconhecemos o Bem, então a concepção *eudemonista* da tradição grega deve ser considerada insuficiente. A máxima que recomenda procurar o prazer e evitar a dor agora se transfigura definitivamente na exigência de procurar o bem e evitar o mal, na medida em que o cristão sabe precisamente, pela Revelação, que o Bem se identifica com Deus e com a vida bem-aventurada da alma imortal. Não se trata, portanto, apenas de uma vontade ascética que recusa os bens naturais na medida em que deseja o bem sobrenatural. Trata-se de uma conexão entre intelecto e vontade que reconhece na natureza humana os meios de realizar a virtude, principalmente a partir da intenção de transcendência, pela qual visamos à felicidade completa que não podemos obter neste mundo. Pois a natureza, necessária, mas não suficiente para a realização do homem, tem sua causa em Deus. As leis naturais, que necessariamente observamos em nossa conduta, estão baseadas nas leis divinas.

Assim, o aristotelismo de Santo Tomás o leva a valorizar o exercício natural da virtude e o Cristianismo o conduz a pautar esse exercício pela finalidade sobrenatural da vida ética. A perfeição, atributo de Deus, se manifesta tanto na esfera das essências quanto no plano das existências; tanto na causalidade primeira, divina, quanto no encadeamento natural. É notável a articulação concebida entre esses dois níveis. Por exemplo, os *atos do homem* estão de acordo com as leis naturais: andar, falar, e toda e qualquer ação vista sob o prisma de suas condições naturais; mas os *atos humanos*, que são em princípio os mesmos praticados naturalmente, revestem-se de uma finalidade que os torna específicos e singulares. Quando *agimos*, fazemos alguma coisa, inteiramente explicável por causas naturais; e ao mesmo tempo nossa ação obedece a critérios que transcendem a natureza, porque submetidos a finalidades morais. Os graus de perfeição natural e os graus de perfeição moral que podemos alcançar em nossas ações diferem profundamente uns dos outros, sem que por isso entrem em contradição. Pois, do ponto de vista do princípio, trata-se de uma mesma ordem – e, sobretudo, de um mesmo ordenador.

Portanto, quando percebemos que a felicidade neste mundo só pode ser realizada de modo incompleto, não estabelecemos uma antítese inconciliável entre o natural e o transcendente. A graça de que necessitamos para alcançar a beatitude não contraria a natureza, pelo contrário, proporciona as condições para que o nosso potencial de vida feliz venha a ser atualizado sobrenaturalmente. Assim se compatibilizam, no exercício da virtude e na consecução da felicidade, o aspecto subjetivo da vida ética, que é a *intenção moral do sujeito*, e o aspecto objetivo, constituído pelo *dom de Deus*, necessário para a realização plena da beatitude. O homem pode e deve perseguir virtuosamente, no plano de sua *existência*, a felicidade, porque assim o exige a sua própria natureza; e ele o faz mediante atos livres para a efetivação dos quais concorrem a razão e a vontade; mas essa existência, outorgada por Deus, é expressão de uma *essência* da ordem do divino, o que faz com que a realização essencial da felicidade exija o concurso de Deus. Nesse sentido a ética de Santo Tomás possui aspectos filosóficos e teológicos entre os quais ele tenta organizar uma passagem coerente.

Tanto em Agostinho quanto em Tomás de Aquino o universo ético é *teocêntrico*: a finalidade suprema da vida ética está em Deus e nele está a referência maior da trajetória humana na busca da felicidade.

3
A felicidade nos tempos modernos

Toda periodização histórica é em certa medida convencional. Optamos aqui por seguir a mais adotada pelos historiadores da Filosofia e que consiste em datar o início do pensamento moderno no século XVII, entendendo que os novos parâmetros de racionalidade estariam exemplarmente formulados na obra de Descartes. Mas é fácil observar que certas características que se costuma assinalar nesse autor já podem ser encontradas pelo menos desde o século XV.

Por outro lado, e pela mesma época, o mundo sofreu uma série de transformações em vários aspectos que se tornaram condições para entender historicamente as profundas alterações culturais. Dentre tantas mudanças, a invenção da imprensa e a expansão do mundo conhecido estão entre as mais relevantes. Mas, do ponto de vista da imagem do mundo e do homem, certamente o advento da ciência moderna (a revolução copernicano-galilaica), que mudou significativamente o que até então se entendia como a estrutura do universo, contribuiu sobremaneira para a transformação do modo de pensar. Nova forma de entender o conhecimento, seus propósitos e seus procedimentos, outra maneira de representar a posição do homem nos contextos físico, ético e político. Esses, entre muitos outros fatores, são importantes para a compreensão dos tempos que se iniciam.

Essa nova posição do homem está estreitamente associada à

laicidade: passamos de um contexto teocêntrico, presente na Idade Média, para um mundo em que a noção religiosa de Deus será paulatinamente substituída pelo princípio teísta, ou seja, a concepção da ordem do mundo e da razão dessa ordem sem apelo ao Deus cristão. Isso no caso daquelas vertentes de pensamento que ainda cultivam a necessidade de um princípio explicativo para o sistema do mundo.

Especial atenção deve ser dada à conjunção de ciência, técnica e ética, cuja articulação será decisiva para os rumos da civilização moderna, doravante pautada pela hegemonia da razão como marca distintiva da autonomia cuja afirmação aparece como a mais insigne tarefa a ser empreendida pelo homem na busca da realização de sua singularidade, entendida como a felicidade racionalmente constituída. Essa autonomia manifesta-se na noção de subjetividade como centro irradiador da evidência no conhecimento e da norma no plano da ação. A figura do *sujeito* adquire então a primazia que fundamentará a representação como critério de realidade, de verdade e de bem.

Na impossibilidade de percorrer a rica diversidade das éticas modernas enquanto modos de pensar e praticar a vida feliz, nos restringiremos a dois exemplos, o primeiro situado na fundação dos tempos modernos e o outro na altura da reafirmação e consolidação dos horizontes de racionalidade julgados compatíveis com o projeto civilizatório da modernidade.

O humanismo cartesiano como projeção da felicidade

O projeto filosófico de Descartes (1596-1650) é, como se sabe, radicalmente inovador: trata-se de recusar todo o saber constituído e recomeçar, desde a base, a tarefa de reconstruí-lo inteiramente, com o objetivo de, sobre alicerces seguros, erguer um edifício coeso e completo, no qual esteja contemplado tudo que o homem deve conhecer para constituir a teoria e a prática em termos absolutamen-

Felicidade

te racionais. Tal intento comporta o estabelecimento de um método e a partir dele a consolidação de uma metafísica, a elaboração de uma física e a derivação de técnicas apropriadas ao bem-estar material e espiritual do ser humano, quais sejam, a mecânica, a medicina e a moral. O instrumento de toda essa construção é a razão, cuja unidade assegurará a integridade do edifício e a coesão de suas partes. O propósito que anima o empreendimento é que o homem venha a saber tudo que é necessário para constituir a felicidade. Ficou famosa a metáfora da árvore com a qual Descartes ilustra seu projeto: as raízes seriam a metafísica; o tronco, a física; e os ramos, as artes mecânicas, a medicina e a moral.

Descartes

Há que se notar desde logo que a unidade da razão, enfaticamente afirmada, acarreta a unidade do saber, aí incluídas as "técnicas" relativas à construção de utensílios, à manutenção da saúde do corpo e à regulação moral da conduta. Não há em Descartes, como se observa em Aristóteles e Santo Tomás, um "intelecto prático" destinado ao discernimento ético, porque Descartes acreditava profundamente na unidade da razão, o que o leva a adotar o mesmo paradigma de racionalidade tanto para o conhecimento quanto para a ação, que ele provavelmente via como susceptível do mesmo tratamento rigoroso que se pode dar ao conhecimento teórico. Não podemos afirmá-lo com certeza porque Descartes não escreveu um tratado

Franklin Leopoldo e Silva

sistemático de ética, mas desenvolveu um estudo das paixões que sugere uma relação estreita entre o domínio dos afetos e o progresso dos conhecimentos no campo da fisiologia (talvez psicofisiologia), sem dúvida uma tentativa de conferir ao projeto de regulação moral um caráter objetivo.

À unidade da razão e da ciência a ser construída corresponde a representação indubitável do fundamento na ordem do conhecimento, a existência do Eu pensante ("penso, logo existo"), primeira verdade e paradigma de intuição clara e distinta, conforme o preceito metódico. Na ordem das razões, isto é, no percurso do conhecimento, inclusive metafísico, a existência de Deus e a realidade do mundo externo serão demonstradas, para Descartes, a partir da evidência que o pensamento adquiriu acerca de sua própria existência.

Ao contrário do pensamento antigo e medieval, para Descartes a ordem a ser seguida é a do pensamento, já que serão as evidências encontradas nesse plano que validarão as ideias que representam outros seres além do sujeito pensante. Essa ordem também explica a precedência das preocupações metafísicas: as verdades metafísicas serão o fundamento que sustentará a física e tudo mais que se possa saber. Por isso a ética, ramo derivado das raízes e do tronco da árvore do saber, só poderá ser investigada depois da constituição do saber metafísico e físico. Essa posposição da ética não diminui em nada a sua importância no conjunto dos conhecimentos: pelo contrário, Descartes afirma que a ética é a coroação da sabedoria e seu ponto mais elevado, porque a sabedoria leva necessariamente à felicidade, pelo que podemos entender que a vida ética seria a grande finalidade da busca do saber.

Ainda assim, no entanto, o leitor de Descartes sente falta de uma reflexão ética elaborada com o mesmo rigor sistemático que mereceram as questões de método e os temas metafísicos. Há, no entanto, no *Discurso do Método* e na correspondência trocada com a princesa Elizabeth da Boêmia, elementos que permitem conhecer as ideias éticas do autor.

Felicidade 57

No *Discurso do Método* encontramos a célebre formulação da Moral Provisória, conjunto de três regras que permitem ao filósofo dirigir sua conduta enquanto procede às investigações que o levarão, por fim, a uma moral rigorosamente fundada de acordo com a articulação do sistema do saber. A primeira regra consiste em conformar-se com as normas vigentes (leis, religião, etc.) do lugar em que se vive, adotando opiniões sempre moderadas. A segunda consiste em seguir as decisões tomadas, mesmo que não se possa fazê-lo por meio de juízos bem fundados, porque hesitar é sempre pior do que decidir. A terceira regra recomenda adaptar os desejos à ordem do mundo e jamais tentar mudá-la. Conformidade, resolução e prudência, que é no que poderíamos resumir as três máximas provisórias, possuem sentido empírico; mesmo que viessem a ser eventualmente mantidas numa moral definitivamente estabelecida, teriam outro significado, pois estariam, então, teoricamente fundamentadas. Mas não se pode deixar de notar algo como uma reminiscência estoica: trata-se de garantir para o filósofo um estado semelhante àquele que os romanos denominavam *tranquilitas*, a ausência de perturbação derivada da aceitação da ordem do mundo. É claro que, no caso da moral provisória, essa ordem é aceita apenas por conveniência empírica e não como filosoficamente justificada.

Outra característica que pode ser notada é o *individualismo*: as regras têm a função de manter o indivíduo recolhido em si mesmo, sem questionar a ordem objetiva mesmo nos seus aspectos mais contingentes, o que é necessário porque para Descartes a investigação filosófica é uma tarefa individual e eminentemente reflexiva: importa apenas a relação entre o indivíduo e os seus pensamentos, razão pela qual ele pode e deve manter-se tanto quanto possível alheio ao contexto da situação concreta, pelo menos até que possa apresentar resultados racionalmente fundamentados que levem eventualmente a transformações na esfera objetiva.

Como já dissemos, a moral definitiva nunca foi elaborada. Mas, além do trecho do *Discurso* referido e das cartas a Elizabeth de

58 Franklin Leopoldo e Silva

que falaremos logo mais, há um passo das "Meditações Metafísicas" que possui ressonância ética, por tratar da liberdade. Na Quarta Meditação, Descartes se propõe a examinar a questão do erro. Para ele, a causa está na dimensão infinita da vontade, que não é apenas uma faculdade voltada para a prática, ou para a esfera dos desejos, mas a possibilidade de efetuar juízos em geral. Com efeito, quando uma ideia aparece no entendimento, nada podemos dizer acerca de sua verdade e falsidade enquanto não afirmarmos algo acerca dela, isto é, enquanto não formularmos um juízo. Meras ideias não são verdadeiras nem falsas – ou são todas verdadeiras *enquanto ideias*. Ora, efetuamos juízos quando, por intermédio da vontade, afirmamos ou negamos algo a respeito da ideia que temos na mente. E podemos fazê-lo a respeito de *qualquer ideia*, independentemente da clareza com que ela se apresenta, pois a vontade é infinita; ela é, mesmo, a característica que corresponde no homem à imagem e semelhança de Deus, ser infinito. Para Deus não existe o problema do erro porque seu entendimento é tão infinito quanto sua vontade, e assim ele não corre o risco de afirmar ou negar algo acerca de ideias pouco claras. Deus é infinitamente sábio e infinitamente livre. No homem, a capacidade de ajuizar é infinita, mas o entendimento é finito, razão pela qual somos livres para errar. O juízo só é infalível num ser onisciente.

Disso decorre uma situação singular: a liberdade humana é infinita, *mas não deve* ser usada como tal. Possuímos uma capacidade perfeita, mas sua utilização ilimitada leva ao erro. Aparente paradoxo que Descartes procura resolver indicando que devemos limitar a liberdade da vontade ao alcance do entendimento, porque limitar a vontade está ao nosso alcance e estender os limites do entendimento é algo que não podemos fazer. Do fato de sermos inteiramente livres decorre que podemos e devemos fazer um uso restrito da liberdade, utilizando como parâmetro de medida o poder do entendimento, e assim compatibilizando as duas faculdades.

Assumindo uma perspectiva ética de teor intelectualista, podemos dizer que os juízos morais também devem ser limitados segundo a clareza das ideias que correspondem às intenções de nossas ações. Se tomarmos decisões morais num plano além da clareza de nossas ideias, o erro acontecerá quase que fatalmente. É preciso manter um equilíbrio entre a finitude do intelecto e a infinitude da vontade no plano dos juízos práticos, para que tal equilíbrio se reflita nas ações que pontuam a nossa vida. Assim, o conhecimento tem prioridade sobre a vontade, embora esta seja infinita. Se observarmos a adequada proporção entre as duas faculdades, tomaremos decisões certas e seremos felizes; caso contrário, a infelicidade virá como consequência da desproporção. Por isso o conhecimento é estruturalmente necessário para a vida ética, pois a verdade deve respaldar a vida prática tanto quanto a atividade teórica.

Acontece que, para Descartes, o princípio e fundamento da verdade, em última instância, é Deus. Isso de forma alguma entra em contradição com o que já vimos acerca da função principal e fundamentadora do Eu pensante (*cogito*): como o sujeito é ponto de partida do conhecimento, e aparece em primeiro lugar como evidência indubitável, ele é fundamento e princípio no âmbito do percurso das razões que o sujeito realiza na forma da *meditação*. Mas quando, por esse mesmo percurso, o sujeito encontra Deus na ideia de infinito que traz em si – e que, dado o grau máximo de ser que nela se encontra, só pode ter como origem o próprio Deus –, percebe que, na ordem do ser (ou das "matérias") esse ser supremo é princípio, fundamento e garantia da verdade. Trata-se de uma legitimação objetiva do que é encontrado no itinerário subjetivo.

Ora, assim como o conhecimento supõe essa relação com Deus, o mesmo ocorre no plano da moral. Como Deus é princípio e fundamento não apenas lógico, mas também ontológico, tudo depende de Deus e tudo ocorre devido à sua vontade. Nesse sentido, a vida ética consiste em que o sujeito, pelo cultivo da sabedoria, procure conformar-se a essa perfeição na qual consiste a totalidade do real enquanto criação divina. Essa conformidade não é a do estoico, que se resigna à necessidade universal; ela provém do conhecimento racional de que existe um Deus em quem o poder da vontade coincide com o alcance do entendimento (onipotente e onisciente), do que decorre que a virtude só pode consistir no esforço subjetivo para alcançar a perfeição. Assim, somos livres para buscar os bens que nos contentem; mas essa busca está orientada pelo conhecimento do Bem Supremo e pela certeza da perfeição da ordem por ele estabelecida.

É nesse sentido que Descartes explica, nas cartas à princesa Elizabeth, por que o fato de existirem bens cuja aquisição depende da nossa liberdade e outros, cujo desfrute não depende da vontade, não deve ser motivo de inquietação e de infelicidade. Pois, para Descartes, não importa tanto o que nos acontece; importa mais a nossa atitude perante o que nos acontece. O que lembra o estoicismo, mas com a diferença, já mencionada, de que sabemos que o que nos acontece provém de Deus e, assim, nunca pode estar relacionado ao Mal. Mesmo as paixões, vistas tradicionalmente como causa de perturbação, dependem, para Descartes, do uso que delas fazemos. Nenhuma é má em si mesma; quando nos levam ao erro, é porque não aplicamos a elas a liberdade de conferir-lhes um equilíbrio que as torne condição de felicidade. Uma enorme confiança na razão, isto é, na liberdade e na autonomia humanas, permite que Descartes enfatize, no plano da vida ética, a interioridade e as disposições subjetivas como preponderantes, segundo convém a uma filosofia pautada pela hegemonia do sujeito.

Desse modo vemos em Descartes, de um lado, a continuidade da tradição ética que associa virtude, sabedoria e felicidade; de outro, percebemos que ele desloca essas noções de modo a compatibilizá-las com o papel que doravante a subjetividade irá desempenhar no conhecimento e na ação. Quanto a essa função, intimamente associada ao método inspirado na evidência matemática, pode-se perguntar, no limite, pela possibilidade de uma ética totalmente fundada em razões e inteiramente integrada num sistema de saber orientado por um rigor de índole matemática. Descartes encontrou grandes dificuldades para compatibilizar a existência efetiva do homem, composto de corpo e alma e, portanto, dotado de uma unidade problemática, com o rigor objetivo da evidência metódica pautada pelo modelo que o inspirou. Assim, teve de renunciar ao conhecimento de vários aspectos da vida prática e de seus correlatos éticos.

Mas as preocupações humanistas do filósofo estão comprometidas com a afirmação da independência e do alcance da razão frente aos dogmas e preconceitos que, segundo ele, teriam infestado a tradição filosófica. Desse modo a promessa de felicidade está, em Descartes, inteiramente comprometida com um humanismo racionalista. A indagação que nos inquieta, no contexto de crise da contemporaneidade, é se desse racionalismo se podem extrair meios suficientes e adequados para a realização dos fins.

Kant – moralidade e felicidade

Ao denominarmos *crítica* a filosofia elaborada por Kant (1724-1804), estamos indicando uma alteração fundamental no estilo de fazer filosofia, responsável pela originalidade do filósofo e do qual decorre sua extraordinária importância na história da filosofia que se seguiu. O projeto de uma *filosofia crítica* foi demoradamente gestado no pensamento de Kant, autor que soube, como poucos, corresponder às exigências de sua época histórica, reunindo, num vasto e complexo sistema, notável pela coesão e unidade, as questões cruciais acerca da teoria e da prática, legado de séculos que ele enfrentou com ousadia suficiente para tornar a sua filosofia um marco decisivo no percurso do pensamento ocidental.

A motivação do projeto crítico kantiano tem a ver com a querela e os impasses a que chegou a oposição entre idealismo e o empirismo que, enquanto tradições constituídas, remetem respectivamente a Platão e Aristóteles e que, na época mais próxima de Kant, manifestava-se no embate entre Descartes, Leibniz e Malebranche, de um lado, e Hobbes, Locke e Hume, de outro. Tanto o idealismo

Kant

quanto o empirismo são tendências *racionalistas*: o que os distingue é a forma pela qual estabelecem a relação entre razão e experiência. Os idealistas conferem primazia à representação intelectual e veem na ideia o ponto de partida do conhecimento. Os empiristas entendem que todo conhecimento se inicia com a experiência sensível e que as ideias são produto intelectual cuja legitimidade deve ser atestada pela percepção. A questão colocada por Kant é a de saber até que ponto cada uma dessas posições atende aos requisitos do conhecimento, isto é, da produção de verdades.

E a primeira conclusão a que chega, de índole propriamente crítica, é que, sendo ambas unilaterais na direção que assumem, nenhuma delas atende de todo às exigências do conhecimento, entendidas fundamentalmente como uma adequada relação entre razão e experiência. O idealismo, ao privilegiar a ideia e fazer dela o critério de verdade, deixa escapar os conteúdos de realidade empírica enquanto dados de percepção, e termina por estabelecer uma relação entre sujeito e objeto que tende para um caráter lógico e formal. O empirismo, ao dar ênfase aos conteúdos da impressão sensível e fazer deles o critério de verdade, não logra alcançar os requisitos formais de necessidade e universalidade que o conhecimento deveria cumprir. Vê-se que o problema da relação entre razão e experiência pode ser traduzido na questão da adequação entre lógica e realidade: condições formais de possibilidade do conhecimento, de um lado, e realidade efetiva dos conteúdos da experiência, de outro.

Já que para Kant a objetividade do conhecimento deve contemplar igualmente os aspectos da forma e do conteúdo, a solução *crítica* consistirá em estabelecer a função que cada um desses elementos desempenha no conhecimento, bem como os modos pelos quais entram em relação para a constituição de um conhecimento que, ao mesmo tempo, esteja de acordo com as formas racionais e com os conteúdos empíricos. A superação da oposição entre idealismo e empirismo consiste no estabelecimento de uma *síntese* entre as condições de possibilidade (razão) e a realidade do conhecimento (experiência). Isso não significa apenas a vinculação entre as dimensões subjetiva e objetiva: trata-se de mostrar como uma subjetividade *transcendental* (que precede toda experiência, mas que somente atua de forma imanente a ela) constitui, pela síntese entre forma e conteúdo, a objetividade *possível* para o conhecimento. *Possível* significa que estabelecer as possibilidades de um conhecimento sintético é ao mesmo tempo configurar os limites nos quais ele pode acontecer.

Essa configuração deve atender aos *dois* requisitos: presença da forma na razão, presença do conteúdo na experiência. A consequência dessa estrutura limitada é que certos temas tradicionalmente abordados pela filosofia terão de ser excluídos por não cumprir uma dessas exigências. A metafísica, notadamente, não é constituída como um conhecimento que inclua dados empíricos; pelo contrário, ela se refere, por definição, ao que se situa *além* da experiência. Por esse motivo, está também fora dos limites que Kant assinala para o conhecimento teórico. Os problemas metafísicos não podem ser tratados segundo os requisitos de objetividade e determinação que caracterizam os conteúdos que podem ser alcançados no âmbito de uma experiência.

Ora, dentre as questões metafísicas tradicionais, situa-se a liberdade, essencialmente relacionada com o modo de agir ético. Como a liberdade não pode ser conhecida de modo objetivo, por não ser determinada de modo empírico, segue-se que a ética não é conhecimento. Sua racionalidade terá de ser encontrada de outra maneira. Se o sujeito moral fosse estritamente determinado nas suas ações, se não houvesse escolha a partir da liberdade, não se poderia imputar-lhe responsabilidade pelos seus atos, isto é, estes não possuiriam estatuto *moral*. Há que se observar ainda que, em quase todas as éticas formuladas na tradição, há uma forte relação entre virtudes, fins, sabedoria e metafísica, a qual aparece muitas vezes como o lugar em que se fundamentam as normas da vida ética. A própria liberdade é um tema metafísico, em geral tratado no âmbito de uma antropologia filosófica, muitas vezes penetrada por significações teológico-metafísicas, como em Platão, Agostinho, Tomás e mesmo em Descartes. Kant não pode valer-se desse recurso. Por isso a relação entre moralidade e felicidade será estabelecida no contexto de uma Razão Prática, faculdade de desejar distinta da Razão Pura, faculdade de conhecer. Essa separação bem nítida entre o teórico e o prático é uma das características do pensamento kantiano, e provém de sua índole crítica.

Já vimos que o ato moral não pode ser determinado por qualquer condição anterior, sendo livre por definição. Mas no mundo da experiência, mesmo racionalmente formalizada, só se encontra o encadeamento de causas e efeitos, condição e condicionado. A pretensão metafísica de atingir uma causa absolutamente primeira ou uma condição incondicionada foge às possibilidades teóricas da razão pura. A experiência, por ser objetiva, é governada pelo determinismo e pela necessidade. Não

Felicidade 65

é, portanto, nesse âmbito que poderíamos elucidar o ato moral.

Mas isso nos leva a indagar: não existe uma *experiência moral?* Nossa conduta ética não envolve ações concretas que transcorrem na efetividade do mundo? Quando agimos bem ou mal isso não significa que há conteúdos concretos nesses atos, que são percebidos por nós e pelos outros, principalmente por aqueles que sofrem as consequências de nossas ações? Certamente; agir é algo que se dá no âmbito das coisas e das pessoas concretas e envolve o sujeito empírico, isto é, aquele submetido às vicissitudes de uma experiência do mundo.

Entretanto, para Kant, esse não seria o melhor modo de se compreender os fundamentos, o alcance e o sentido da ação moral. Para ele, a tarefa crítica consiste justamente em separar aquilo que na vida cotidiana parece estar sempre junto: a forma do ato moral, suas condições de possibilidade e o fundamento de seu alcance, de um lado, e os conteúdos empíricos, de outro. A necessidade desse procedimento deriva de que no universo moral as causas e os efeitos não estão relacionados como no plano do conhecimento teórico, pois se os atos morais fossem submetidos a essa espécie de determinação não se poderia falar em moralidade. A dificuldade que se apresenta a Kant deriva do caráter incondicionado da ação moral que é sempre ato livre: por definição, nada pode determiná-la. Por isso a articulação entre forma e conteúdo na dimensão da moralidade terá de ser concebida de outra maneira.

Por isso Kant entenderá que a dimensão prática da subjetividade, isto é, a moralidade, terá de ser estruturada a partir da Forma da Razão Prática, que é o tipo de racionalidade pela qual atua o sujeito nas suas ações. Isso implica que o *sujeito moral* é diferente do *sujeito empírico*: este está plenamente integrado na cadeia de causas e efeitos que constituem as coisas, e onde tudo é determinado; aquele atua como causa primeira e única de suas ações, isto é, atua por liberdade e não por determinação. Na terminologia kantiana, dizemos que o sujeito empírico é um *fenômeno* do mesmo tipo de outros que estão presentes na esfera da experiência possível;

e que o sujeito moral é um *noumeno*, uma coisa-em-si, condição incondicionada, precisamente aquilo a que o conhecimento objetivo não tem acesso. A diferença entre racionalidade objetiva e racionalidade prática deve ser vista como duas dimensões da subjetividade, sendo que na dimensão do sujeito moral a condição da ação é a liberdade, assim como na condição do conhecimento teórico a condição é a determinação causal. Assim, aquilo mesmo que não pode ser conhecido metafisicamente – a liberdade – é a chave de compreensão (não teórica) da possibilidade de haver atos morais.

Nesse sentido, não pode haver preceito moral que possua conteúdo, porque todo conteúdo é empírico, isto é, determinado. Kant não recua diante dessa consequência extrema de sua concepção. Assim, por exemplo, quando alguém pratica o dever da honestidade para ser respeitado pela sociedade, se dar bem nos negócios e finalmente ganhar o céu, essa pessoa não está agindo moralmente porque suas ações honestas são *determinadas* por finalidades empíricas (sociais, no caso) e supraempíricas (recompensa na outra vida). Vê-se que qualquer determinação contamina o cumprimento do dever moral, mesmo aquelas de caráter religioso ou alheias a objetivos materiais. Pelo contrário, alguém que cumpre o dever da honestidade simplesmente porque se trata de um dever moral, sem a interferência de qualquer outro fator, sem visar a coisa alguma, está agindo de acordo com a moralidade, isto é, com o caráter absolutamente livre do ato moral. Para Kant, somente aquele que cumpre o *dever pelo dever* corresponde à exigência de *autonomia* moral. Nos casos em que o sujeito se submete a *qualquer* determinação temos *heteronomia*, que é o contrário de autonomia, e não temos moralidade. Exteriormente, os comportamentos são iguais; mas há uma grande diferença: num caso as ações são determinadas por fins alheios ao próprio ato moral; no outro, o sujeito obedece apenas à forma da racionalidade moral.

Ora, decorre daí que Kant não pode concordar com o lema presente em quase todas as éticas da tradição: *a vida ética tem como finalidade a felicidade*. Como quer que se conceba

Felicidade 67

a felicidade, desde o prazer físico até a bem-aventurança celeste, ela será sempre um fim externo à moral; será sempre um objetivo visado, para o qual a vida ética servirá de meio – e isso é incompatível com a autonomia do sujeito moral. Este cumprirá o dever moral porque se trata de um *imperativo* da razão que é *categórico* e não *condicional*, isto é, absolutamente afirmativo por si mesmo, autossuficiente e não dependente de qualquer condição ou fim. O fato de que a felicidade é finalidade geral ou fim último, como se dizia na tradição, não impede que a sua consecução exija que se faça da moralidade um meio – para Kant é isso que a destrói.

Essa concepção altera completamente a relação que até então se vinha estabelecendo entre virtude e felicidade. Não se pode dizer que a virtude leva à felicidade, porque nesse caso não seria virtude, nem que a virtude em si mesma já é felicidade. Pois o que importa, na prática da virtude ou no cumprimento do dever, não é que o sujeito *se sinta feliz*, mas sim que sua ação esteja em absoluta conformidade com a forma racional. É desse modo que se opera em Kant a desvinculação entre moralidade e felicidade.

Isso não significa que preocupações religiosas e metafísicas acerca da existência de Deus, da imortalidade da alma e da felicidade eterna venham a desaparecer. Kant é plenamente consciente de que a impossibilidade desses conhecimentos, a que se chegou como resultado da filosofia crítica, não eliminará de modo algum essas aspirações, que permanecerão, como sempre, sendo a expressão dos mais elevados desejos que animam o espírito. Assim, a demonstração da hegemonia da forma racional na moralidade não impedirá que essas preocupações transcendentes continuem interferindo na vida moral. Mas, em que pese a relevância e a constância de tais pensamentos, eles são exteriores à racionalidade formalmente constituída.

4
A felicidade na época contemporânea

Vimos que a filosofia moderna, ao eleger a subjetividade como centro irradiador do conhecimento e das práticas, não abandonou a exigência de universalidade, que continua sendo cumprida, de diferentes maneiras, nas filosofias de Descartes e de Kant. Seja por meio do eixo cogito-Deus, seja pelas das formas categoriais, a universalidade permanece como a marca que garante a certeza no conhecimento e a retidão dos atos morais. Mas isso significa também que a subjetividade tem de aparecer como instância metafísica ou como possibilidade formal; é o seu caráter de realidade essencial ou seu estatuto transcendental que a fazem fundamento de universalidade. Isso significa que, para a modernidade, a subjetividade é um universal, o mais relevante, talvez mesmo o único. Ora, quais seriam as consequências éticas se a subjetividade viesse a perder esse caráter universal e essa centralidade?

Essa questão exige que abordemos uma alteração de grande porte na história da filosofia que consiste na passagem de uma racionalidade analítica governada pela apreensão da verdade na plenitude dada do ser para uma racionalidade dialética, em que o conhecimento da verdade se faz processo e o ser se revela como devir, isto é, como movimento temporal e suas contradições intrínsecas. O responsável por essa mudança de incalculável alcance em todos os aspectos do pensamento é Hegel (1770-1831), autor que fez da imanência entre Razão e História o novo centro da especulação filosófica. Com isso a *transformação*, categoria com

Felicidade

a qual a tradição filosófica sempre manteve uma relação difícil, passa a estar no próprio núcleo da compreensão da realidade e da moralidade. O que em nada diminui a exigência de universalidade, antes, pelo contrário, lhe confere maior vigor e mais amplo alcance sistemático, pela abrangência do império da Razão, na sua mais rigorosa necessidade.

Essa generalidade na concepção do conhecimento e da ação – e a abstração que inevitavelmente traz – suscitou, da parte de Kierkegaard (1813-1855), uma reação que se manifestou na reivindicação das prerrogativas da individualidade singular e concretamente vivida na sua precária condição finita e que definiria, de fato, o homem, na sua realidade existencial e histórica. A oposição de Kierkegaard a Hegel significa a tentativa de contrapor a existência singular à universalidade do conceito; nesse sentido,

Kierkegaard

ambos representam novas perspectivas em relação à tradição. Com efeito, os dois autores participam de um mesmo movimento histórico cultural e exprimem, de diferentes maneiras, a crise da noção tradicional de universalidade racional.

No decorrer da contemporaneidade, essa crise se aprofundará, com imensas repercussões éticas e, consequentemente, nas formas de pensar a possibilidade da felicidade. Como vimos, a felicidade sempre foi pensada, nas éticas tradicionais, em conexão com a racionalidade. De alguma maneira, a consistência dos procedimentos racionais e a plenitude postulada para o estado de felicidade sempre estiveram interligadas, como se fossem duas faces de uma mesma imagem do homem, a representação de sua estabilidade

Franklin Leopoldo e Silva

e da continuidade que presidiria a sua realidade, tanto na teoria quanto na prática. Os sentidos ontológico e ético da ordem tendiam a se espelhar ou pelo menos a convergir. A experiência histórica trouxe grandes transtornos que mudaram radicalmente essa situação. A subjetividade, centro de gravidade da cultura na tradição moderna, veio a sofrer, na contemporaneidade, significativos abalos nos seus referenciais. Tanto do ponto de vista individual quanto coletivo, multiplicaram-se as dificuldades para manter a integridade dos ideais humanistas herdados de uma tradição que já não se mostrava suficiente como sustentáculo e garantia.

Com isso, acentuaram-se os sinais de fragmentação individual e dilaceramento social, a tal ponto que o solo movediço já não comportava a conservação de valores anteriormente fixados, nem a implantação de outros que pudessem renovar a vida ética. O progresso científico e tecnológico, que propicia uma incrível mobilização de meios, convive com enormes dúvidas quanto à designação de fins e mesmo quanto à possibilidade de se pensar de modo consistente algum fim que possa constituir horizonte de sentido claro para congregar esforços dirigidos ao futuro. A crise ética, como crise de identidade, compromete de forma inevitável o discernimento do que seja *propriamente humano* e, assim, do que possa vir a constituir a felicidade humana.

O lugar do sujeito entre a universalidade e a singularidade: Hegel e Kierkegaard

Para Hegel, não se trata de fundar a universalidade na instância subjetiva, seja ela metafísica ou transcendental. Universal é a Razão, e esta, para Hegel, não se restringe ao sujeito: as dimensões subjetiva e objetiva, que a princípio se opõem, na verdade se integram, superando a oposição e constituindo uma esfera maior e mais abrangente, no que concerne à lógica e à realidade. A *Dialética*, que em Hegel não é apenas um método, mas o movimento da

Felicidade

realidade que o conhecimento deve reproduzir, consiste, primeiro, na *afirmação* (tese) de um estado de realidade, de uma época histórica, de uma fase de desenvolvimento do indivíduo; dessa afirmação procede a *negação* que ela já continha em si, como o seu contrário (antítese); e finalmente surge a *conciliação* (síntese) que supera e conserva os dois momentos anteriores, ultrapassando a contradição entre eles. Como se vê, Hegel não recusa o caráter contraditório da mudança e do movimento, mas faz dele o motor do desenvolvimento racional da realidade.

Hegel

Sendo o saber a descrição compreensiva desse movimento (*fenomenologia* é o termo usado por Hegel), que não é outra coisa senão o processo pelo qual a Totalidade se produz e a Razão vem a reconhecer-se a si mesma, ele não pode ser nem subjetivo, nem objetivo, já que a totalidade da Razão é constituída pela síntese superior desses dois momentos. Pelo mesmo motivo não se pode falar em teoria ou em prática de modo exclusivo e separado: o resultado final do movimento da Razão concilia as diferenças que, ao longo do percurso, possam ter surgido entre as duas dimensões de uma mesma totalidade. A filosofia de Hegel é, de modo sistemático e rigoroso, uma filosofia do Absoluto, porque não apenas permite que ele seja intuído, mas demonstra o itinerário necessário pelo qual o Absoluto, virtualmente presente no início, apresenta-se na sua plena atualidade no final. A filosofia se define então como uma grandiosa visão retrospectiva da Razão rumo à sua identidade, o que coincide plenamente com o movimento da realidade natural e da realidade histórica.

Assim como a totalidade é racional, a própria Razão, assim também o são todos os seus momentos, encadeados segundo uma rigorosa necessidade. Dir-se-ia que o conhecimento, nesse caso, não faz mais do que consagrar o que já existe, conformando-se aos fatos, pois não cabe ao ser humano, enquanto sujeito, prescrever regras para o dever-ser da realidade total. Entretanto, como se trata de um mundo humano, historicamente constituído, o que importa compreender não são fatos brutos, mas o agir humano na complexidade das relações entre necessidade e liberdade. A liberdade está inscrita na Razão, e tudo o que ela cria está de acordo com a totalidade que se vai manifestando no tempo. Assim Hegel pode falar do *ardil da Razão*: cada indivíduo, cada grupo, cada época, persegue os seus fins de modo totalmente diferenciado e espontâneo, mas ao mesmo tempo o faz de tal modo que os desígnios da totalidade são rigorosamente cumpridos. Pois na escala do Absoluto, necessidade e liberdade se conciliam no plano da totalização racional. A compreensão ética do ser humano consiste em entender a coerência desse entrelaçamento complexo que passa pela contradição, pela dor, pelo mal, que são realidades vividas na dura experiência humana, mas que se encaminham de modo necessário para o desfecho racional como realização absoluta.

Desse modo, ética e história não se separam em Hegel. Desde os vínculos efetivamente orgânicos entre indivíduo e comunidade na Grécia, passando pela autonomia da consciência individual na modernidade, até o reencontro entre indivíduo e Estado como síntese realizadora do vínculo entre universal e singular (para Hegel a etapa final do desenvolvimento histórico), assistimos à sucessão das diversas figuras em que a totalidade racional se manifesta incompletamente no caminho de sua realização. Nesse contexto, o gozo das prerrogativas individuais na figura da subjetividade autônoma e soberana pode aparecer como a felicidade no seu sentido subjetivo, ou como promessa de felicidade ligada à realização do destino individual. Mas trata-se de uma manifestação histórica da felicidade, compatível com uma etapa determinada do processo de realização da totalidade. Porque as próprias condições de pleno gozo da individualidade dependem, não unicamente da dimensão subjetiva e individual, mas da síntese conciliadora entre o Estado, como universal ético-político, e o indivíduo como instância singular. Somente quando o indivíduo reconhece a sua singularidade como inscrita no universal ele pode realizar-se de fato e de direito como indivíduo – sua singularidade respaldada pela universalidade, que não a contraria, mas permite aflorar a integralidade de sua significação.

Assim, a cada etapa do percurso histórico correspondem virtudes que realizam moralmente a adequação do indivíduo ao contexto de experiência ético-política. Não se trata de relativismo, mas da necessidade de compreender a coerência das manifestações da Razão a caminho de realizar a sua efetiva universalidade na qual a singularidade se reconhece e com a qual se concilia. Se identidade e felicidade se correspondem, temos de supor que o movimento do encontro da Razão consigo mesma é também o movimento de realização da felicidade da humanidade: quando o indivíduo se reconhece no absoluto que o configura como tal, então ele se reconhece a si mesmo, na medida em que a identidade é, inseparavelmente, singular e universal. Reencontramos aqui a identificação entre felicidade e racionalidade, mas além do plano subjetivo e individual, assim como da esfera objetiva enquanto pura exterioridade, pois a plenitude da Razão é vista agora como síntese integradora da totalidade absoluta. Na medida em que somente a Razão Absoluta é liberdade absoluta, a liberdade individual só se realiza efetivamente no plano da racionalidade universal, em que ser e dever-ser também se conciliam.

Essa totalidade racional, na qual, para Hegel, o indivíduo se realiza ao nela se integrar, é, para Kierkegaard, uma totalidade abstrata na qual se perde a singularidade do indivíduo enquanto existência concreta. Pois, para o filósofo dinamarquês, não se trata de realizar a *essência* do indivíduo no seio do universal que o compreenderia, mas de preservar aquilo que a *existência singular* possui de irredutível a qualquer conceituação universalizante. Ao contrário do que pensa Hegel, para Kierkegaard a Razão não é a realidade, mas sim a norma intelectual à qual se procura reduzir o real, sendo que o resultado desse processo é a troca da singularidade concreta pela universalidade abstrata, fruto do valor exacerbado concedido à lógica e à pretendida hegemonia da razão. Originariamente, em termos da experiência efetiva que cada um faz de sua própria condição, o indivíduo, na contingência de sua concretude, é a única realidade: tudo o mais são estratégias de racionalização pelas quais o indivíduo procura fugir das consequências de ter de viver radicalmente essa subjetividade.

Essa diferença entre Kierkegaard e Hegel provém de uma oposição muito mais significativa. Para Hegel, a religião é uma figura do espírito que antecipa a Razão enquanto compreensão da totalidade. Assim, a religião cristã, por exemplo, está ligada a um momento de realização do Absoluto marcado ainda pela distância e separação entre finito e infinito, algo a ser superado pela filosofia, derradeira etapa do processo racional. A verdade trazida pela religião é uma verdade figurada; não é ainda a efetiva manifestação do Espírito no seu caráter absoluto. Para Kierkegaard, a religião cristã é o dado definitivo e absoluto, que revela ao homem a sua condição inelutavelmente finita, a distância em que ele se encontra de Deus, e a solidão a ser vivida individualmente. A relação entre finito e infinito é uma oposição dialética da qual o indivíduo faz uma trágica experiência e não algo a ser superado por uma razão totalizadora e conciliadora. Nesse sentido, não há como pensar qualquer possibilidade racional de compreender o infinito e o absoluto; seria como anular a oposição entre a verdade como evidência do entendimento e o mistério como constitutivamente incognoscível.

Disso se segue que a vida ética entendida como experiência racional que poderia levar o ser humano à estabilidade e a uma felicidade, mesmo relativa, revela sua insuficiência quando comparada com a vivência da fé, para a qual não há parâmetros de ordem puramente humana. Kierkegaard analisa o exemplo de Abraão: o sacrifício do filho vai contra as inclinações humanas e as normas de conduta; o significado humano do ato de Abraão seria assassinato. Mas ele segue a ordem de Deus sem interpelação, porque a fé o sustenta numa outra e mais elevada esfera, não de juízo, mas de aceitação. A atitude de Abraão não é certamente racional nem ética; mas ela constitui a mais forte prova da existência de Deus e a mais concreta experiência do indivíduo finito perante a infinitude incompreensível. É nesse sentido que o homem religioso, ao experimentar a contradição insolúvel de sua condição, coloca-se diante do infinito de modo mais autêntico do que a racionalidade ética o permitiria.

A Razão não supera a fé nem com ela se concilia. O Cristianismo não pode ser avaliado pela filosofia ou por qualquer critério lógico e intelectual. A fé é uma atitude radical pela qual o indivíduo escolhe o paradoxo em vez da clareza racional. Esse indivíduo, profundamente envolvido com o mistério, não pode, por sua vez, ser avaliado e compreendido por uma instância mais geral que seria a universalidade da razão; seria um reducionismo e não uma forma de ampliar a compreensão. Diante da fé, tudo o mais fica suspenso; mas a fé tem por si mesma a dimensão da incerteza: Kierkegaard nos diz que ela é como um salto no abismo. Assim, se o cristão professa a virtude da esperança, trata-se de uma expectativa que de modo algum pode estar fundada na razão. A verdadeira profissão de fé supera a razão sem que isso signifique integrá-la numa síntese superior, pois não há comensurabilidade entre fé e razão, assim como não há medida comum entre finito e infinito.

Se a condição finita significa a angústia e a inquietação perante o infinito, e se essa tensão caracteriza a vida do cristão autêntico, então a condição humana não comporta a felicidade. E assim o desejo de felicidade, que nos move e pode ser até mesmo ilusoriamente satisfeito, é antes um signo da impossibilidade da felicidade nesse mundo e da incerteza da felicidade no outro. O indivíduo permanece na sua singularidade, mas não para nela se realizar e sim para aí experimentar sua indeterminação e incompletude.

Genealogia da felicidade – Nietzsche, Marx, Freud

Nietzsche (1844-1900) dedicou grande parte da sua obra a investigar por que e como os homens buscam a felicidade – e o que acabam encontrando nessa busca. Os resultados a que chegou a partir de tais preocupações induziram-no a construir uma representação da condição humana que constitui decisiva inflexão na história do pensamento e que alimenta continuamente a reflexão contemporânea. Nietzsche possui, dentre muitas qualidades, a de um fino psicólogo moral, capaz de desvendar as mais profundas e recalcadas motivações das aspirações humanas e de suas justificações racionais.

Nietzsche

Isso também o torna um extraordinário historiador, não dos fatos, mas das bases antropológicas da ação. Esses dois talentos convergem para o de *genealogista*, isto é, alguém capaz de compreender a vontade humana e aquilo que a move, não pelos resultados civilizatórios consolidados na prática e na teoria, mas por meio da gênese que se oculta nos processos de pensamento e de discurso.

Assim, não se deve tanto perguntar "o que é a moral" ou "o que são os valores" – como condições de felicidade – quanto tentar entender o que está por trás das concepções éticas e da construção de valores. É pesquisando essa *origem* que desvendaremos o *sentido*.

E, mais importante que descrever fatos, coisas, condutas, é entender o que significam e com que propósito foram, a princípio, *opções* da humanidade. Sem essa investigação genealógica, estaríamos condenados ao saber estereotipado que se nutre das consequências que, na maior parte dos casos, são aparências. A razão é hábil na formulação de estratégias diversionistas e de justificativas ilusórias que passaram a constituir acervo necessário e indispensável do pensamento. Daí a necessidade do exercício de uma crítica genealógica que, ao desvendar essas racionalizações, chega, ao mesmo tempo, aos motivos que as teriam originado.

E como se trata de opções históricas, convém que a indagação psicológica, histórica e moral não se refira aos conceitos gerais e abstratos, mas às qualificações concretas de indivíduos e grupos. Assim, não se perguntará pela ideia do *Bem*, mas pelo motivo de alguém ser qualificado de *bom*. Ora, Nietzsche foi filólogo antes de ser filósofo, e a reconstituição etimológica da palavra "*bom*" o conduz ao significado de nobre, forte, poderoso, dominador – aquele que se destaca pela força e pela audácia *naturais*. Esse aspecto é importante para se compreender a intenção genealógica de Nietzsche: a força emana do forte como a vida do ser vivo; o poder lhe é tão natural quanto o ar que respira; e o exercício do poder tem, nesse caso, a espontaneidade da natureza. Com isso eliminamos as conotações que se tornaram habituais, e pelas quais somos levados a opor bondade e força, homem bom a homem poderoso e dominador. O que Nietzsche quer dizer é que, nessa acepção, bom, forte, poderoso, dominador são indicações de autossuficiência; nesse sentido, aquele que necessita subordinar outro a si para mostrar sua força não é verdadeiramente forte, porque depende daquele a quem submete. O mesmo se aplica ao poder e ao domínio. Assim nada mais afastado do sentido que Nietzsche dá a essas qualidades do que os significados de tirania e opressão.

O que devemos entender, fundamentalmente, é que as virtudes do forte e do nobre coincidem com suas pulsões; e que a vida espontânea e autêntica é aquela que coincide com a pluralidade e intensidade das pulsões. Ora, assim como o forte pode dar vazões às suas pulsões, o fraco tem de reprimi-las – ou melhor, a energia do homem fraco, do plebeu, está na intensidade da repressão, e não na intensidade de pulsões liberadas. Nesse sentido, não é paradoxal dizer que o homem fraco é dotado de extraordinária força, precisamente aquela canalizada para a anulação de qualquer paixão, para a repressão e a autorrepressão. Assim, para sobreviver, ele precisa fazer da fraqueza virtude; e cultivando a fraqueza, fará triunfar o que Nietzsche denomina moral de escravos, a ponto de suplantar a moral aristocrática dos homens livres, fortes e nobres. O Platonismo, o Judaísmo e o Cristianismo são os grandes exemplos históricos da vitória dos fracos, obtida graças à estratégia de tornar as características do homem fraco valores de alcance universal. Esses exemplos demonstram que a história da civilização está inteiramente dominada por essa escolha fundamental do *tipo* de ser humano que haveria de prevalecer.

Ora, assim como a felicidade do forte consistia na aceitação das pulsões, na pluralidade e contraditoriedade que as caracterizavam (e por isso eram próprias do forte, pois somente este poderia suportá-las) a felicidade do fraco está na recusa dessas pulsões, no apaziguamento, na domesticação, na instituição de valores negativos, na anulação da vitalidade. Intelectualmente, isso se traduz na recusa das oposições, da contrariedade, da tragicidade, da pluralidade e da instabilidade nas visões que são construídas acerca do mundo. As categorias que prevaleceram no pensamento e no ordenamento da prática exprimem essa opção: unidade, estabilidade, linearidade, determinação, continuidade. Não admira, portanto, que Nietzsche veja na Lógica e na Verdade sintomas de fraqueza e de doença da civilização.

Nesse processo de acomodação, salta à vista o caráter moral de todas as racionalizações. Para Nietzsche, não há distinção entre verdade e falsidade que não tenha sentido moral. As doutrinas filosóficas e científicas estabelecidas historicamente estão todas comprometidas com esse viés. Ao alcance do diagnóstico corresponde

Felicidade 79

a magnitude da tarefa do filósofo que almeja a cura da civilização: a *transvaloração*, inversão do valor de todos os valores e expectativa de uma superação que seja a criação do homem além do homem. Nietzsche é pouco explícito acerca dessa figura; mas tratar-se-ia provavelmente daquele que não se alienaria na própria fraqueza; que encararia as contradições e o caráter trágico da vida; que não construiria uma civilização cuja ética repousasse no recalque das pulsões; e que não estaria disposto a trocar a realidade imanente ao mundo finito pela projeção de felicidade num mundo transcendente.

O procedimento crítico-genealógico também está presente em Marx (1818-1883) como instrumento adequado à compreensão da origem da alienação, isto é, do estado em que o homem torna-se alheio à sua história e estranho a si mesmo, o que o faz perseverar no caminho de sua infelicidade. O desvendamento das causas da alienação e das suas consequências significa a investigação genealógica acerca da racionalidade presente na concepção de indivíduo e de sociedade, no intuito de compreender a gênese da ideologia, ou seja, da imagem do mundo que justifica um certo tipo de relações humanas pautado pela dominação e exploração.

Entre as consequências da representação ideológica é importante salientar a dimensão ética como produto dessa imagem e que tende a funcionar como elemento justificador. Isso significa que a submissão dos indivíduos a um sistema social opressor historicamente construído fica reforçada quando essa relação entre dominantes e dominados é traduzida em valores, não historicamente contingentes, mas falsamente dotados de universalidade ética. Nesse caso, a moral vigente apenas expressaria interesses socioeconômicos. A genealogia, no caso do marxismo, é orientada pela ideia de que o fundamento da ordem social é a organização do trabalho e da produção; nesse sentido, a divisão do trabalho coincide com a divisão das classes sociais. De posse desses critérios é possível não apenas compreender pela gênese histórica os modos de produção correspondentes às organizações sociais como também prever as possibilidades de transformação e mesmo inter-

Franklin Leopoldo e Silva

ferir no processo, de acordo com a oportunidade histórica. Isso porque a sucessão histórica é governada pela dialética, que Marx herda de Hegel, mas à qual confere um acentuado caráter materialista: cada situação histórica, principalmente considerada sob o aspecto das determinações econômicas, porta em si a contradição que engendra a transformação, trazendo uma nova ordem social, sempre materialmente determinada.

Marx

Assim, apesar de que a sociedade é sempre historicamente determinada, é possível assumir, em relação a um dado sistema, uma posição ética, desde que entendamos que condenar moralmente uma certa ordem social, porque torna os indivíduos infelizes, é sempre e ao mesmo tempo compreender os limites daquela organização. Se a julgamos insatisfatória, segundo critérios igualitários, por exemplo, isso sinaliza a necessidade de uma outra organização. Assim, tal como em Hegel, mas por razões diversas, há em Marx um estreito vínculo entre ética e história. Entretanto, por coerência, Marx não pode enunciar princípios éticos ou classificar virtudes, na medida em que a vida ética é expressão da organização social.

Desse modo, tudo que se pode dizer a respeito da relação entre sociedade e moralidade é que nessa relação estão em jogo os *fins humanos*, entendidos como a possibilidade de realização integral das potencialidades do homem, o que poderia significar

Felicidade

a sua felicidade. Mas não há como vincular mais concretamente o *desideratum* histórico ao advento da felicidade. Assim, por exemplo, não há como afirmar que a sociedade sem classes teria como consequência a felicidade. Tudo que se pode dizer é que uma organização social pautada pela preservação da dignidade dos indivíduos e da comunidade, algo que não acontece numa sociedade dividida, seria mais propícia – porque satisfaria um maior número de condições – para a busca e eventual realização da felicidade, a qual restaria ainda definir, nos parâmetros de uma outra relação indivíduo/sociedade. Mas o homem novo e a nova sociedade permanecem ainda por construir, já que a experiência histórica do socialismo não logrou essa realização.

Freud (1856-1939) também pode ser visto como um genealogista, já que a psicanálise tem o objetivo de decifrar os conflitos internos do ser humano remetendo-os a uma história pessoal que, via de regra, permaneceria oculta ao próprio sujeito. O conhecimento do aparelho psíquico permite entender a gênese de disfunções, que se manifestam de diversos modos, e que aparecem como neuroses, isto é, experiências de conflito psíquico que, para Freud, têm suas raízes na infância. A linguagem desempenha papel crucial na relação psicanalítica, pois é na *fala* do paciente, tornada objeto de uma *escuta* específica do analista, que se revelam as causas de tudo aquilo que é

Freud

82 Franklin Leopoldo e Silva

vivido, psicossomaticamente, como *sintomas*, ou seja, aparências simbólicas de uma realidade psicológica profundamente oculta na dimensão do inconsciente.

O grande tema da psicanálise é, portanto, a identidade do sujeito, e Freud teria sido o primeiro a desenvolver sistematicamente, por meio de uma teoria apoiada em fatos recolhidos na experiência clínica, que essa identidade está comprometida com mecanismos e instâncias psicológicas que resultam em torná-la desconhecida para o próprio sujeito. No entanto, como tal desconhecimento não impede uma atuação motivadora desses elementos, a conduta dos indivíduos, como efeito dessas motivações que lhes escapam, aparece como desordenada e descentrada, dos pontos de vista psicológico e social, o que se traduz na desorganização da relação entre desejo e satisfação.

Essa complexidade vincula-se a uma outra, de igual ou maior magnitude, relativa à situação psicológica do Eu. A grande descoberta de Freud foi justamente a de que o Eu não reina soberano na condução da vida individual, pois ele se situa entre o Id (o inconsciente) e o super-Eu, instância responsável pela adaptação normativa do indivíduo às injunções da condição humana do ponto de vista psicossocial. A função do Eu seria a de estabelecer uma ligação entre as pulsões profundas e a realidade exterior, condensada na função adaptativa do super-Eu. Sendo o Eu uma parte da individualidade psíquica, e não a sua totalidade como por muito tempo se pensou, não é difícil calcular a extraordinária complicação inerente à sua definição e à descrição do modo como atua.

Todas essas dificuldades que traduzem as divisões e contradições do sujeito significam *sofrimento*. Se admitíssemos que a psicanálise comporta os aspectos de *conhecimento* da subjetividade e de *terapia* dos conflitos internos poderíamos inferir dessa dualidade que a compreensão da condição subjetiva seria talvez o primeiro passo para estabelecer uma convivência adequada do indivíduo com ele mesmo e, assim, um relativo estado de felicidade. Mas a questão é muito mais difícil. A genealogia da subjetividade revela que a realidade psicológica é basicamente constituída pela relação conflituosa das pulsões. Mesmo depois que esse conflito é descrito como a relação entre *o princípio de prazer e o princípio de realidade*, resta ainda a questão de entender se dessa relação resulta uma regulação ou um desequilíbrio, isto é, um encontro coordenado ou um desencontro permanente entre os tópicos da personalidade. Precisamente porque o conhecimento é a descrição compreensiva das pulsões na sua pluralidade e contraditoriedade, fica vedada à psicanálise a saída intelectualista, isto é, a pressuposição de que o conhecimento de si confere ao indivíduo um domínio de si. É mesmo possível afirmar o contrário: quando nos conhecemos mais profundamente, não nos libertamos de nossas determinações, apenas passamos a vê-las no seu caráter inevitável e necessário.

O ser humano não está apenas submetido a necessidades; além dessas, que correspondem à condição de todo ser vivo, o homem está às voltas com desejos. Isso significa a profunda insuficiência da satisfação "natural" e a condição de insuficiência, porventura crônica, de um ser cuja satisfação dos desejos talvez seja constitutivamente impossível. Nesse sentido, ainda que o aspecto terapêutico da psicanálise possa atuar sobre a neurose, supondo que a reconstituição de sua gênese seria ao mesmo tempo revelação de realidade e dissolução do sintoma, resta ainda a questão de saber se a realidade revelada acerca da condição humana é compatível com a felicidade. A leitura dos últimos textos de Freud sugere uma resposta negativa, tanto no que se refere à *pulsão de morte* (uma das ideias mais discutidas na psicanálise) quanto no que concerne ao vínculo entre civilização, repressão e barbárie.

Podemos dizer que o conhecimento da subjetividade, tal como Freud a desvelou, ao permitir a visão de aspectos até então ignorados no que diz respeito à complexidade da condição subjetiva, e ao mostrar que sobre muitos deles podemos atuar no sentido de transformar a nossa experiência, indica também outras tantas possibilidades de vida, que permaneceriam igualmente desconhecidas sem a genealogia freudiana do sujeito. O que nos leva a perguntar se a condição humana não implica um paradoxo que poderia ser expresso na questão de saber até que ponto podemos nos confrontar livremente com nossas próprias determinações, e se esse encontro paradoxal da liberdade com seus limites poderia abrir alguma via de convivência menos dolorosa do sujeito com ele mesmo. Vê-se que não se trata apenas de uma dificuldade teórica; na verdade, estamos diante de um problema cuja gravidade cresce no decorrer na contemporaneidade, e que é o de distinguir a felicidade de seus simulacros, tão racionalmente construídos quanto espetacularmente apresentados ao homem atual.

Perspectivas

Kant formulou três perguntas que, no seu entender, correspondiam à grande tarefa de renovação de toda a filosofia. Que posso conhecer? Que devo fazer? O que me é permitido esperar? Dessas perguntas, a segunda diz respeito à ética, que para Kant se define como agir por dever de acordo com a lei moral universal. Sem dúvida, ainda podemos colocar tais questões; mas o que nos distingue profundamente de Kant é que ele, como pensador iluminista, fazia as perguntas a partir da certeza de que elas poderiam ser respondidas. Para nós, e principalmente no que concerne à interrogação ética, essa confiança desapareceu inteiramente; não somente os antigos fundamentos das respostas éticas se perderam no torvelinho dos tempos como também não há indício de que possamos vir a encontrar outros princípios de orientação e validade para nossa prática.

É a partir dessa perda e desse vazio que temos de enfrentar a questão da integridade ética e da possibilidade de felicidade no tempo em que vivemos e naqueles que estão por vir. Há pelo menos duas maneiras de entender essa situação. Podemos ver aí uma total falência da subjetividade ética, dos valores objetivos e de todas as condições de universalidade normativa, e a magnitude desse nau-

Felicidade 85

frágio histórico impediria qualquer visualização de possibilidades futuras. Podemos considerar também que o vácuo experimentado pela nossa época seria o prenúncio de uma nova fundação da ética, isto é, da elaboração de novos parâmetros de vida moral que ainda não teríamos condições de definir. A análise do contexto atual, em termos das reflexões e das discussões em curso, permite defender ambas as posições. Mas em qualquer um dos dois casos importa passar pela análise dos elementos que expressam a crise. Na impossibilidade de entrar em pormenores, vamos apenas mencioná-los de modo rápido e geral.

Vimos que a felicidade é sempre algo procurado pelo *sujeito*, mesmo em épocas históricas em que essa noção ainda não possuía o alcance e a centralidade que passou a possuir na modernidade. Todos os obstáculos que se interpuseram entre o indivíduo e a vida feliz nunca impediram que esta fosse a finalidade a ser alcançada, variando, naturalmente, o horizonte dessa realização. Quase se poderia dizer que a felicidade estaria inscrita na natureza ética do sujeito como sua causa final. O caráter intrínseco e tão relevante dessa aspiração subjetiva requer que o sujeito se constitua como o centro, se não do mundo, pelo menos da sua própria vida. Ora, essa firmeza, à qual Descartes, não por acaso, se referia como alicerce e alavanca arquimediana, se transmutou numa oscilação problemática quando a identidade subjetiva passou a ser questionada na sua unidade e integridade. A autonomia do sujeito, proclamada pelos clássicos e exaltada pelos iluministas, sofreu sucessivos golpes: a pluralidade pulsional diagnosticada por Nietzsche, a alienação numa objetividade histórica que o indivíduo não reconhece como sua produção, constatada por Marx, e a origem inconsciente do desejo, descoberta por Freud, constituíram decisivos abalos na estrutura da subjetividade, de tal modo que a função do sujeito como protagonista da vida e da história pôde ser posta em dúvida, a tal ponto que o tema da morte do sujeito passou a ocupar, na contemporaneidade, lugar de destaque na reflexão. É interessante notar, ainda, que o individualismo, tão fortemente associado à liber-

dade nos primeiros tempos do pensamento liberal e desmesurada-
mente exacerbado na atualidade, convive hoje com um grau de
controle social da vida como jamais se experimentou no passado,
tendo em vista os meios de que dispõem as instâncias de poder
para o exercício da regulação de todos os aspectos da existência.
Como então, esse indivíduo, destituído de sua subjetividade efetiva,
poderia conduzir o seu destino guiado pelos ideais de felicidade?
Qual a sua latitude de interferência numa experiência pessoal e
coletiva que por todos os lados lhe escapa?

É preciso considerar também que, a essa espécie de desinte-
gração da subjetividade, corresponde, no mundo contemporâneo,
algo como uma dissolução da base de sustentação dos valores: o
niilismo, já constatado por Nietzsche. A laicidade e, posteriormente,
o descrédito das instâncias suprassensíveis e inteligíveis, a interdição
kantiana da metafísica, o racionalismo positivista e cientificista, o
predomínio de uma racionalidade técnica estimulada pelo progresso
científico e tecnológico, além de outros fatores, entre os quais se
destaca o episódio recente do desmoronamento das ideologias,
encorajam uma utilização unilateral da razão, de que resultam
grandes dificuldades para estabelecer um equilíbrio entre meios
e fins fundado num racionalismo que se mostra menor do que as
questões que tem de enfrentar. O que se observa é que à enorme
mobilização de meios que o progresso propiciou não parece corresponder uma clareza de fins suficiente para que o homem possa
realizar os ideais humanistas proclamados no alvorecer da era
moderna. A consequência disso é que o homem a cada dia tem de
enfrentar novos perigos criados pela sua própria vontade de saber
e de poder. Ao mesmo tempo não dispõe de critérios que estejam à
altura desses riscos, uma vez que não logrou construir, unicamente
pela razão, fundamentos suficientemente sólidos para erguer novos
valores. Nesse sentido é que se pode dizer que a riqueza de meios
é proporcional à pobreza dos fins, e que a pletora de realizações
tecno-científicas convive com a indigência ética: um grande poder e um grande vazio atuam, numa convergência perigosa, não

apenas para desorientar o indivíduo, mas também para induzi-lo a reduzir drasticamente o horizonte de sua humanidade. Diante de tantas e tamanhas desilusões, não somente apontadas pela crítica, mas, sobretudo, vividas dramaticamente na experiência histórica do século XX, a era das guerras totais e dos genocídios, como se pode seguir depositando confiança no curso objetivo da história e esperança no predomínio de valores que levem à felicidade como fruto do progresso?

Conclusão

A experiência da incerteza, quando não exaure as forças do pensamento, conduz a tentativas de recompor as possibilidades humanas segundo exigências de lucidez que sobrevivem às ilusões perdidas. Nesse sentido se pode dizer que as tendências mais contemporâneas de reconstrução ética procuram não tanto construir fundamentos teóricos para o agir, mas sim encontrar no próprio cerne da condição finita os meios reais de reconstituir a viabilidade dos projetos humanos, no centro dos quais persiste, por vezes na própria inibição de se declarar, o propósito de atingir a felicidade.

Isso se deve ao fato de que a história vivida, na conjunção de variados fatores do tipo daqueles que mencionamos há pouco, acabou por levar a uma certa consciência da *precariedade*. É, portanto, no contexto da impossibilidade de um humanismo ufanista que se desenvolve atualmente a reflexão ética. Entretanto, se esta persiste, persiste também a presença de certas noções e critérios que apareceram na tradição, só que agora reformulados de acordo com uma outra representação que o homem faz de sua realidade existencial e de suas possibilidades históricas. Tomemos alguns exemplos.

O existencialismo de Sartre (1905-1980) não propõe uma ética como conjunto de princípios, mas está do começo ao fim atravessado por preocupações concernentes a representações que o homem faz de si e de suas práticas. No centro do pensamento

Sartre

de Sartre está a noção de *liberdade*, numa instância tão radical e originária que se confunde com a própria subjetividade. Se "a existência precede a essência", como diz a tese fundamental do existencialismo, invertendo assim completamente a perspectiva tradicional da prioridade da essência, então o homem não se define por qualquer determinação que possa orientar previamente a sua conduta. É ele mesmo, no decorrer de suas escolhas, que se projetará no processo de existir, construindo-se a partir apenas de sua liberdade. Não há valores nem critérios de qualquer ordem em que se possa apoiar. Desse modo a autonomia, num contexto de precariedade, não corresponde a um predicado que exalta a natureza humana, como pensavam os iluministas; trata-se muito mais de um peso, quase de uma fatalidade, que faz com que o destino do homem torne-se sua inteira responsabilidade, algo que ele tem de carregar na sua solidão existencial e em meio às contradições históricas. Vê-se que a felicidade, entendida como completude ou estado de satisfação, não pode ser atingida por um ser que é muito mais projeto do que realização, muito mais desejo do que satisfação, já que as escolhas existenciais nunca resultarão na consolidação de uma essência e o homem nunca será uma totalidade acabada. Mais do que ser feliz, importa ser autêntico, isto é, enfrentar com lucidez o desamparo e as frustrações inerentes à existência.

A *responsabilidade* como critério ético é igualmente relevante na ética de Hans Jonas (1903-1993), para quem essa noção possui um alcance que vai muito além do indivíduo, das gerações e do tempo

Felicidade

presentes. Com efeito, os riscos do progresso tecnológico, hoje tão patentes nas consequências ecológicas em escala planetária, exigem, do ponto de vista ético, que o homem assuma responsabilidade não apenas por si e pelo presente, mas principalmente pelo futuro e por aqueles que virão. Trata-se de uma responsabilidade que, embora inscrita no tempo, não deixa de ser universal; é mesmo a forma pela qual a ética cumpriria o requisito de universalidade, mas de forma concreta, pois o que está em jogo não é apenas a lógica da universalidade, mas a

Hans Jonas

sobrevivência real da humanidade. E assim altruísmo e apreço pelo próximo deixam se ser algo que se desenharia num horizonte desejável, mas passam a constituir critérios básicos imanentes às ações imediatas. O interesse da humanidade alarga-se, torna-se principalmente o interesse dos outros, e de outros que ainda sequer existem. Seria necessário que os indivíduos dimensionassem o poder de satisfação não apenas à consecução da *sua* felicidade, mas, sobretudo, à preservação de condições de felicidade possível para as gerações futuras: dentre essas condições, a principal é a própria vida.

Essa importância do *outro* na experiência de uma vida ética é a tônica do pensamento de Lévinas (1906-1995), que desenvolve uma *ética da alteridade*. Isso significa que o critério fundamental, o valor de todos os valores, é a presença do outro, a face diante da qual estou, que reconheço antes do que a mim mesmo e graças à qual me reconheço a mim mesmo. É pela consideração do outro que projeto indefinidamente a minha subjetividade, talvez até o infinito. Além da dimensão metafísica da alteridade, inegavelmente presente na ética

Franklin Leopoldo e Silva

Lévinas

de Lévinas, convém observar a dimensão histórica e existencial: pois se o princípio da ética é o encontro com o outro, essa relação face a face não pode ser entendida como fundamento teórico ou princípio formal; seu valor está na realidade de uma experiência vivida na percepção imediata da diferença e da dignidade daquele que não sou eu. Não é *por meio do outro* que transcendo a minha subjetividade; é nele, imediatamente e de fato, que acontece a abertura pela qual me disponho a assumir uma responsabilidade que supera infinitamente os limites da autoconsciência. A ética de Lévinas contém um apelo que é um alerta importante nos tempos em que vivemos: a vida ética não pode ser a vida individual e privada, pautada apenas por interesses próprios. A busca da felicidade só terá sentido ético se incluir o outro; na verdade, se fizer da felicidade do outro o motivo da minha inquietação e a orientação das minhas ações.

A relação com o outro também aparece em Habermas (nascido em 1929) na forma de uma ética baseada na *razão comunicativa*. Para que a razão deixe de ser uma faculdade abstrata e passe a ser um verdadeiro instrumento na consecução das finalidades humanas, é preciso que ela seja exercida em comum, partilhada e comunitariamente constituída nas suas possibilidades e limites. Nesse sentido a comunicação e a linguagem desempenham papel primordial, pois são os meios pelos quais ocorre o exercício racional da intersubjetividade. Esta não pode ser entendida apenas como uma noção ou uma definição formal de relação entre os homens; é na dinâmica da sua prática que ela revela seu sentido e, princi-

Felicidade

palmente, suas possibilidades morais. Assim o imperativo formal da razão prática kantiana deve ser substituído por um *processo* racional interativo em que a universalidade será alcançada pelo consenso real dos participantes, que, idealmente, são todas as criaturas racionais. Isso pressupõe que a racionalidade comum a todos propicia a intercompreensão e que os sujeitos assumem a responsabilidade comunicativa, isto é, falam para serem entendidos, argumentam racionalmente. Pressupõe ainda a *isonomia*, isto é, qualquer indivíduo que se comunique com o outro a fim de estabelecer um consenso normativo entende que o outro é uma *pessoa* com os mesmos direitos e que *falar* e *ouvir* são procedimentos indissociáveis. Dessa maneira, sem assumir fundamentos metafísicos e sem contar com normas formais e logicamente anteriores ao processo comunicativo, é possível aos indivíduos colocarem-se de acordo acerca de meios e de fins na esfera ético-política, desde que se deem (e lhes sejam dadas) condições para desenvolver de modo livre e concreto a racionalidade. Moralidade e felicidade são empreendimentos humanos dotados de universalidade racional e de concretude histórica.

Habermas

Esses exemplos de reconstrução da ética na atualidade, aos quais se poderiam acrescentar muitos outros, mostram que não seria possível afirmar que o desfecho do drama histórico da humanidade será a felicidade; indicam, apenas, que a busca e a expectativa constituem uma herança que provavelmente nunca será abandonada.

Outras leituras, outras visões

Para a aquisição de um conhecimento mais abrangente sobre a História da Felicidade disponibilizamos uma bibliografia mais ampla.

Bibliografia

AGOSTINHO. *A Vida Feliz*. Editora Paulinas, São Paulo, 1993.

ARISTÓTELES. *Ética a Nicômaco*. Editora da Universidade de Brasília, Brasília, 2001.

COMTE-SPONVILLE, A. *A Felicidade Desesperadamente*. Editora Martins Fontes, São Paulo, 2001.

DESCARTES, R. *Discurso do Método*. Editora Martins Fontes, São Paulo, 1999.

_____ *Meditações Metafísicas*. Editora Nova Cultural, São Paulo, 1980. (Os Pensadores).

EPICURO. *Carta a Meneceu sobre a Felicidade*. EDUNESP, São Paulo, 2002.

FERRY, L. *O que é uma vida bem-sucedida?* DIFEL, Rio de Janeiro, 2004.

FREUD, S. *O Mal-estar na Civilização*. Editora Imago, Rio de Janeiro, 1997.

HABERMAS, J. *Consciência Moral e Agir Comunicativo*. Editora Brasiliense, São Paulo, 1989.

HEGEL, W. *Fenomenologia do Espírito*. Editora Vozes, Petrópolis, 1995.

INWOOD, B. (org.) *Os Estóicos*. Odysseus Editora, São Paulo, 2006.

KANT, E. *Crítica da Razão Prática*. Editora Martins Fontes, São Paulo, 2002.

_____ *Meditações Metafísicas*. Editora Nova Cultural, São Paulo, 1980. (Os Pensadores). *Resposta à pergunta "O que é o Iluminismo"*. Textos Seletos. Editora Vozes, Petrópolis, 1985.

KIERKEGAARD, S. *Temor e Tremor*. Editora Abril Cultural, São Paulo, 1979 (Os Pensadores).

LÉVINAS, E. *O Humanismo do Outro*. Editora Vozes, Petrópolis, 1993.

LIMA VAZ, H. *Introdução à Ética Filosófica*, vol. I. Edições Loyola, São Paulo, 1999.

MARÍAS, J. *A Felicidade Humana*. Livraria Duas Cidades, São Paulo, 1989.

MARX, K. *Crítica da Filosofia do Direito de Hegel*. Editorial Boitempo, São Paulo, 2005.

NIETZSCHE, F. *Genealogia da Moral*. Editora Brasiliense, São Paulo, 1987.

OLIVEIRA, M.A. *Correntes Fundamentais da Ética Contemporânea*. Editora Vozes, Petrópolis, 2000.

PLATÃO. *Fédon*. Editora Nova Cultural, São Paulo, 1987. (Os Pensadores).

SALECI, R. *Sobre a Felicidade. Ansiedade e Consumo na Era do Hipercapitalismo*. Alameda Editorial, São Paulo, 2005.

SARTRE, J-P. *O Existencialismo é um Humanismo*. Editora Nova Cultural, São Paulo, 1987 (Os Pensadores).

TOMÁS DE AQUINO. *Suma Teológica*, vol. XII. Edições Loyola, São Paulo, 2001.

Sobre o autor:

Franklin Leopoldo e Silva é formado em Filosofia pela Faculdade de Filosofia, Letras e Ciências Humanas da USP, professor de História da Filosofia Contemporânea do Departamento de Filosofia da mesma Universidade. Autor dos livros: *Bergson: Intuição e Discurso Filosófico*, pela Editora Loyola (1994); *Descartes: A Metafísica da Modernidade*, pela Editora Moderna (1994); e *Ética e Literatura em Sartre: Ensaios Introdutórios*, pela Editora da Unesp (2004).